NATÁLIA SOUSA
MEDO DE DAR CERTO

astral cultural

*A vida se reorganiza
no movimento.*

Copyright © 2025 Natália Sousa
Todos os direitos reservados à Astral Cultural e protegidos pela Lei 9.610, de
19.2.1998. É proibida a reprodução total ou parcial sem a expressa anuência da
editora.

Editora
Natália Ortega

Editora de arte
Tâmizi Ribeiro

Coordenação editorial
Brendha Rodrigues

Produção editorial
Manu Lima e Thais Taldivo

Preparação de texto
Letícia Nakamura

Revisão de texto
Carlos César da Silva

Design da capa
Amanda Fogaça

Foto da autora
Amanda Fogaça

Dados Internacionais de Catalogação na Publicação (CIP)
Angélica Ilacqua CRB-8/7057

S716m
    Sousa, Natália
      Medo de dar certo / Natália Sousa. — São Paulo,SP :
Astral Cultural, 2025.
      192 p.

    ISBN 978-65-5566-585-7

    1. Desenvolvimento pessoal I. Título

24-5484   CDD 158.1

Índice para catálogo sistemático:
1. Desenvolvimento pessoal

BAURU
Rua Joaquim Anacleto
Bueno 1-42
Jardim Contorno
CEP: 17047-281
Telefone: (14) 3879-3877

SÃO PAULO
Rua Augusta, 101
Sala 1812, 18º andar
Consolação
CEP: 01305-000
Telefone: (11) 3048-2900

E-mail: contato@astralcultural.com.br

Prefácio

Preciso confessar, sempre que alguém falava de "medo de dar certo" perto de mim, eu torcia o nariz. Como assim, medo de dar certo? Tudo que eu quero é que dê certo, que a saúde seja impecável, que o dinheiro entre, que o reconhecimento profissional seja abundante, que o amor esteja presente em altas doses. Com toda a intensidade que me é característica, sempre acreditei que quero que tudo dê certo e quero muito. Mas faz tempo que aprendi que as respostas automáticas não abarcam a complexidade da vida, e lá, escondido entre os vários dedos cruzados e toda a gana que coloco nos meus desejos, está um "e se". Um não, vários deles, me mostrando que, mesmo o mais belo dos sonhos, traz consigo uma grande dose de surpresa, estranhamento e medo.

Na minha casa, a cobrança pela alta performance — não com esse nome — era o padrão. Minhas notas eram altas, mas, se não fossem dez, não eram boas o suficiente. "Quem tira oito tira dez!", meu pai dizia, enquanto me questionava o que faltou para que eu chegasse ao tão almejado dez. O pequeno grande detalhe é que o dez não era sinônimo de paz, calma, tranquilidade e comemoração. Logo após o "muito bem!" em virtude do dez, vinha a sentença: "Agora não pode baixar a nota. Você não quer regredir, não é?". As oscilações típicas da vida não cabiam no meu boletim. O dez era um lugar fixo e imutável.

Cresci com uma autocobrança intensa. Vasculho os detalhes da minha vida, os escombros dos meus erros, procurando a falha. Olho as minhas vitórias com lente de aumento, procurando a rachadura que pode colocar a próxima vitória em risco. Relaxar é um esforço dos grandes. Elogios não são sinônimo de regozijo, mas de responsabilidade. Se recebi uma vitória, tenho que fazer por merecer.

Lembro quando a minha empresária aumentou o valor do meu cachê para um padrão que antes era o meu projeto de salário mensal. Eu passei parte da juventude acreditando que faria um concurso público e ganharia aquele valor após um mês de trabalho duro e, assim, do nada, ela me disse que estava na hora de cobrar aquele valor por uma palestra minha. Pouco mais de uma hora de trabalho. Quase enlouqueci. Tive uma crise de choro, meu coração acelerou e eu, a supercorajosa, disse que não, que não era certo cobrar aquilo. O que tinha que entregar para merecer um cachê como aquele?

Os equívocos na situação eram muitos. Aquele cachê vinha de muito estudo, trabalho, noites maldormidas, reconhecimento e autoridade construídos tijolinho a tijolinho. Não, não foi do nada. Mas os meus medos gritaram alto e eu acreditava que ninguém nunca ia pagar um valor daquele para me ver, que logo após as palestras falariam "paguei tudo o que paguei por isso?". Quem eu era para merecer uma remuneração como aquela? Quantas das minhas tias trabalham arduamente e mal tem dinheiro para pagar a comida do mês? A minha mãe, à época, era técnica em enfermagem e emendava plantões insanamente para conseguir ganhar, por mês, um quinto do que eu receberia em uma palestra. Percebe como aquilo parecia injusto? Se o "Não!" que saiu arranhando a minha garganta quando a notícia do aumento do cachê veio não era o medo de dar certo, o que era?

Então, se você, assim como eu, considerou a ideia de ter medo de que coisas incríveis aconteçam algo irreal, meio absurdo, e, de imediato, pensou: "Eu nunca tive isso na vida!", posso afirmar, com muita convicção, de que nessa certeza habita um enorme engano. Nas próximas páginas, Natália Sousa vai te dar a mão e se aventurar em uma busca amorosa, gentil e assertiva pelos medos que se escondem por baixo dos nossos medos. Vai nos ajudar a entender que a tal autossabotagem, tão falada, é, na realidade, um jeito meio torto e ineficiente que encontramos de cuidar de nós mesmos.

Com o jeito doce e acolhedor que transborda da própria humanidade, a autora compartilha histórias, percepções e dicas para tomarmos novos rumos nas nossas histórias. E, para quem tem o privilégio de escutar o *Para dar nome às coisas*, podcast do qual é apresentadora, a leitura ganha a melodia da voz da Nati, transcendendo as páginas e se tornando um delicioso papo entre amigos.

Torço que você se permita atravessar por esse conteúdo tão rico.

Um beijo,

Elisama Santos
Escritora, autora de *Conversas corajosas*,
comunicadora e apresentadora.

Sumário

APRESENTAÇÃO 11

PARTE UM

1. O medo de não merecer e o medo de não saber
o que fazer com a vitória 19

2. O medo de dar certo como forma de manter
o que é familiar 48

3. A ideia social de sucesso impacta na forma com que
nos aproximamos ou nos afastamos do sucesso 55

4. Medo de dar certo devido à ansiedade
que o sucesso causa 72

5. A culpa gerada pelo sucesso 91

6. A ponta do iceberg: comportamentos que não parecem,
mas são sintomas do medo de dar certo 97

7. O medo do sucesso a favor da sua crença 115

PARTE DOIS

8. Ferramentas para lidar com o medo de dar certo 151

9. O que acontece quando começamos
a enfrentar esse medo? 165

10. Agora que você já conhece o medo de dar certo,
é hora de aprofundar ainda mais 180

REFERÊNCIAS BIBLIOGRÁFICAS 186

Apresentação

Medo de dar certo: por que precisamos falar disso?

Eu tinha trinta e cinco anos quando me dei conta, pela primeira vez, que sofria do medo de as coisas darem certo. Foi uma descoberta que me trouxe alívio e surpresa, na mesma intensidade. Por um lado, estava feliz de finalmente iluminar um canto completamente escondido da minha consciência, mas que operava silenciosamente para me sabotar. Por outro, estava assustada. Como nunca tinha me dado conta disso antes? Era uma pergunta que me assolava.

Investigo meus sentimentos e minhas emoções dentro e fora da terapia há anos. Sou do time que faz buscas dentro de si por prazer e por não saber como viver sem fazer isso. Ao mesmo tempo, esse medo conseguiu se esconder de todas as minhas investidas no processo de autoconhecimento. Eu queria saber: por quê?

Guiada por essa pergunta, revisitei o passado, mergulhei em lembranças até então apagadas, e me aproximei dessa emoção. Na busca por mais, conversei com quem estuda o comportamento e a mente humana e descobri mais coisas do que achei ser possível, que resultaram neste livro. Estou feliz em compartilhar essas informações com você, porque por muito tempo achei que só eu me sentia assim. Mas foi só começar a falar que estava escrevendo este livro que as pessoas começaram a me contar suas histórias.

Falar deste assunto é importante porque é possível que abandonemos projetos, relações, desejos genuínos e sonhos de infância, sem nem sequer sabermos explicar por que o fizemos. E, mesmo quando lamentamos os resultados, não estamos isentos de repetir o mesmo comportamento, porque simplesmente não sabemos como fazer diferente. Tentar se livrar dessa força estranha — o medo de dar certo — sem entendê-la é como tratar uma infecção só combatendo os sintomas, e não a causa. Ou seja, não resolve de fato.

> Falar deste assunto é importante porque é possível que abandonemos projetos, relações, desejos genuínos e sonhos de infância, sem nem sequer sabermos explicar por que o fizemos.

Este livro é o remédio que eu procurava. Exatamente tudo o que eu gostaria de ter lido anos atrás. Ele não traz respostas universais nem dicas prontas — até porque nosso inconsciente e universo pessoal não são um cálculo exato. Não cabem em formas nem fórmulas. No entanto, como uma boa investigação este livro traz pistas. E, com elas, podemos seguir o rastro do nosso medo e, quem sabe, dar um contorno para ele. Fazer novas perguntas e chegar a novos lugares, nesse movimento que nunca termina chamado autoconhecimento.

Um *spoiler*: o medo de dar certo pode estar relacionado a vários aspectos além do que em geral imaginamos. Ele esconde, muitas vezes, o medo de não pertencer, de se corromper, de ser desleal à família e de sair de lugares que esperam que você ocupe eternamente. Orientação sexual, raça, gênero e outros marcadores sociais também têm a ver com isso.

Por isso, em algum momento, é preciso olhar para esse medo com respeito. Ele é grande, porque, em geral, é só a ponta visível de um iceberg. Para chegar à base, vamos ter de atravessar. Talvez o caminho seja desconfortável, como são os bons *insights*. Mas nos aproximará mais do que realmente somos: humanos, falíveis, misteriosos e grandiosos.

O dar certo de cada um

Anos atrás, uma pessoa querida me aconselhou a fazer um curso de fotografia. Ela contava que tinha olhado as fotos que eu postava vez ou outra no Instagram e via uma coisa a mais ali. O jeito como eu posicionava a câmera, as cenas que eu capturava, as linhas das fotos. Nada daquilo parecia amador para ela.

"Se você estudar", ela disse, "você vai ficar melhor ainda". Achei bonito o olhar dela e concordei com a percepção. As habilidades que treinamos são aperfeiçoadas. Se eu me dedicasse a isso, certamente poderia me destacar. Tinha também outros pontos a favor: recursos financeiros e tempo. Se aquilo fosse importante para mim, aquela conversa teria sido um empurrão. Mas a questão é: não era.

Eu não queria treinar fotografia. Não queria me tornar profissional. A fotografia amadora e despretensiosa já estava dando certo para mim. Ela me dava alegria e prazer. Não queria transformar aquele desejo de registrar o cotidiano em algo além daquilo. Queria só continuar tirando fotos descompromissadamente. Apenas isso. E por que conto essa história bem no começo deste livro?

Porque, em uma época em que se dá valor excessivo à produtividade, somos convencidos de que temos de fazer as coisas "darem certo" o tempo todo. Tendem a nos convencer que temos de investir tempo, energia e dinheiro para elas ganharem o mundo, independentemente de quanto essa projeção, dinheiro, profissionalização e alcance são importantes ou fazem sentido para nós.

Estamos viciados em fazer. E, quando estamos viciados em fazer, nos desconectamos do propósito de cada coisa. Nessa engrenagem, o que fazemos até pode dar certo no sentido mais amplo — reconhecimento, dinheiro, status —, mas a sensação que temos no corpo, muitas vezes, não é essa.

Não é essa a finalidade deste livro. Não é para ser mais uma ferramenta que vai encorajar você a embarcar em sonhos e desejos que não são seus. Não é para convidar você a se envolver em projetos que sequer fazem sentido, só porque eles parecem interessantes para os outros. *Não é, definitivamente, para chamar de medo de dar certo o que só é falta de vontade mesmo.*

A menos que algo mude, a fotografia seguirá sendo um campo virgem para mim. Selvagem. Porque é assim que me satisfaço nela. Protejo muito esse lugar para que o vício de fazer não atravesse aquilo que pode ser pequeno. Fico atenta para não cair na cilada de transformar coisas que podem ser amadoras em coisas grandes, profissionais e do mundo. Cuido para não monetizar e especializar todos os meus prazeres.

É preciso preservar os lugares privados e pequenos em nós. Eles têm muita importância. Nem tudo precisa ser megalomaníaco, realizável, compartilhável. Às vezes não há medo de dar certo, só há um desejo genuíno e saudável de que algumas coisas fiquem do jeito que estão mesmo. Respeitar esse aspecto é respeitar a própria vida.

Então, o que é o medo de dar certo?

Quando falo de medo de dar certo, geralmente, me refiro ao medo que está colado em sonhos que são nossos. Repito: nossos, não dos outros para nós. Esse medo está costurado em desejos íntimos. Naquelas coisas que crescemos sonhando em fazer. No tema das cenas que imaginamos no meio do banho, quando estamos sozinhos. Nos prêmios imaginários que adoraríamos ganhar: melhor atriz, melhor escritor, melhor desenhista, melhor artista, melhor administrador de finanças.

Com o corpo ensaboado e a espuma do xampu no cabelo, nós seguramos o frasco do condicionador, discursando para uma plateia imaginária. Mesmo na imaginação, mesmo conscientes de que só estamos descalços e molhados no box do banheiro, sentimos toda a alegria e a adrenalina. E isso ocorre por um motivo: aquilo é grande e vivo em nós. É nessas coisas que o medo de dar certo costuma vir colado. E vem sempre acompanhado da pergunta: *quem sou eu para realizar isso com que sonho muito e há tanto tempo? Quem sou eu?*

Quando percebi quais eram as coisas que estavam nesse lugar para mim, também percebi algo. Dar certo é menos sobre garantir resultados, menos sobre chegar a algum lugar específico, menos sobre subir no lugar mais alto do pódio. Isso é consequência, mas não determina valor.

Dar certo é não interromper o curso das coisas. É não represar o fluxo da sua caminhada, não atrapalhar a sua potência, não atrasar a sua chegada dentro e fora, é não trair o seu lugar no mundo — e todo lugar no mundo é grande por essência. Isso é dar certo. E por isso o medo que nos impede de fazer isso é tão poderoso. E digno de ser investigado.

Parte um

Parte um

1

O medo de não merecer e o medo de não saber o que fazer com a vitória

"Estou em um relacionamento agora e isso é definitivamente real. A pessoa finalmente é alguém legal, que me leva a sério, me enxerga com muito carinho e quer um futuro comigo. Eu também quero muito, mas, e se der certo? E se realmente acontecer? O que faço? Nunca cheguei a essa parte."

Relato de uma pessoa que compartilhou sua história comigo.

O medo paralisante de dar certo

Eu tinha treze anos quando senti pela primeira vez o medo paralisante de que as coisas dessem certo. Eu estava em pé, na frente de uma piscina semiolímpica, esperando o juiz apitar. Ao meu lado estavam todos os melhores alunos de natação do bairro. Quem visse de fora me lembraria: eu estava entre eles. Não à toa. Eu tinha me preparado por semanas para aquele dia, e as perspectivas eram boas.

Tudo tinha começado semanas antes, quando meu professor entrou na piscina girando o apito. Eu brincava com as boias planas, empurrando-as para o fundo da água. Na minha imaginação, eu ia conseguir sentar em cima delas e ficar na superfície. Meus colegas de aula faziam o mesmo. Vimos o professor chegar, mas só paramos quando ele apitou, alongando as costas — como se isso fizesse parte do comunicado.

Na minha memória, ele usou o tom de voz mais grave que tinha para dizer que no mês seguinte haveria uma competição com todas as escolas de natação do bairro. Quem decidisse se inscrever e participar receberia aulas especiais, focadas no torneio. Ele queria saber se alguém gostaria de participar. Respirei fundo, pensando: *Não quero*. Mas nem deu tempo de dizer. No minuto seguinte, ele falou que eu tinha sido escolhida para representar a escola.

Uma bomba de pensamentos estourou na minha cabeça: medo de perder, medo de ganhar, medo de dar branco, medo de esquecer como se nada, medo de fazer algo muito estranho, medo de fazer mímica no lugar de nadar e, o pior de todos, o medo de fazer algo importante. Mesmo assim, concordei dizendo: "Tá bom". Apenas porque eu era obediente.

A partir do dia seguinte, minha aula mudou por completo. Passei a ir à escola no começo da manhã para que eu pudesse nadar com a piscina mais vazia. Mas era também como se meu professor, relaxado e descontraído, tivesse sido engolido por alguém tenso, concentrado e sempre agachado no piso molhado, enquanto segurava um cronômetro.

Os movimentos dele se alternavam entre o balançar dos braços imitando as diferentes técnicas de natação — borboleta, *crawl*, costas, peito — e os comandos para eu disparar de novo, e de novo, e de novo, em busca da outra extremidade da piscina. Minha pele cheirava a cloro. A rotina de treinos era tão intensa e exaustiva que eu não conseguia mais pensar em nada. Toda energia e concentração que eu tinha eram sugadas por aqueles momentos. Não sobrava espaço para pensar a longo prazo. Até que chegou a véspera da competição.

Quando dei a última braçada naquele último treino, meu professor agachou na beira da piscina, bateu no meu ombro e disse: "Foi o melhor tempo que você já fez. A medalha é sua". Era o que qualquer aluno de natação gostaria de ter ouvido, mas foi a coisa mais assustadora que eu poderia ter escutado. Como um rojão, um pensamento saltou na minha cabeça, como um soco: E se eu ganhar? Não consegui ouvir mais nada depois daquilo. As palavras que ele dizia pareciam soltas: carboidrato, água, cuidado, cedo. Saí da piscina me sentindo tonta.

Tela azul

O ginásio tinha formato oval. Fino e arredondado nas pontas e largo nas laterais. Meus pais decidiram sair de casa duas horas antes, porque queriam escolher um bom lugar para que pudessem me assistir. Durante o percurso, minha mãe falava sobre a copa das árvores cheias e ficava virando a cabeça para trás para dizer que estava muito animada. Nesses momentos, ela me olhava em silêncio e em um tom de voz mais baixo, falava: "Não precisa ficar nervosa, filha". "Eu não tô", eu dizia. Era mentira.

As arquibancadas tinham aproximadamente quatro metros de comprimento, o que permitia assistir à prova com facilidade, mas dificultava que as pessoas dentro da piscina ouvissem a torcida com clareza. Mesmo assim, minha mãe prometeu que tentaria gritar alto para que eu a ouvisse. Ela estava eufórica — em parte porque ela estava sempre muito animada, mas em outra porque tinha certeza de que eu ia ganhar.

Enquanto eles procuravam as cadeiras, fui até a área onde os outros alunos esperavam. O treinador me levou para outra piscina do clube — a maior piscina que eu já tinha visto na vida. Ali, as pessoas praticavam saltos ornamentais. Ele queria que eu fizesse uma sequência de nado crawl só para aquecer. Concordei e ele virou de costas para conversar com os outros treinadores.

Tinha uma escada ao lado da piscina, por onde a maioria das pessoas entrava na água. Era só me dirigir até lá e descer — simples.

Mas o nervosismo faz uma espécie de névoa no cérebro. Você não pensa direito, faz coisas que, em qualquer outro momento, pareceriam irracionais. Em questão de minutos, eu ia representar a escola de natação no campeonato, e as chances de ganhar eram enormes. Eu era puro pânico. Dominada pela vontade de fugir e, ao mesmo tempo, com medo de demonstrar o que eu sentia, tomei a pior decisão possível: entrei na piscina pulando para parecer à vontade.

Saltei com as pernas e os braços esticados, colados ao corpo. Mesmo que soubesse nadar, nunca tinha entrado assim em uma piscina tão funda. Os dez metros de profundidade me engoliram. Assustada, comecei a lutar contra o meu corpo, empurrando a água para baixo com as pernas e os braços, esticando o pescoço em direção à superfície. Por causa do risco mal calculado, percebi que eu tinha menos ar do que precisava. Senti que estava me afogando. Vergonha e desejo de ser vista me tomaram o corpo. Ninguém parecia me perceber ali. Claro, ninguém ia supervisionar uma piscina em que a maior parte dos jovens era os melhores nadadores. Em um impulso, movido por um nítido instinto de sobrevivência, consegui colocar a cabeça para fora da água, ofegante e tossindo. Depois do que me pareceram minutos, o professor, até então conversando com outra pessoa, distraído, interrompeu a conversa na beira da piscina e disse: "É a sua vez de nadar".

Tudo parecia estranho: eu era a melhor nadadora da turma, mas me sentia a mais amadora de todas. Foi só ser colocada em posição de destaque para que eu me sentisse sem repertório, sem conhecimento, sem sagacidade. Dentro e fora da piscina, parecia a mesma coisa: estava me afogando onde, até então, eu nadava com excelência. Mais tarde eu ia descobrir que essa sensação era um sintoma evidente do medo de dar certo. Quando ele se instala, você se sente amador, vulnerável, infantil.

Dava para sentir o maiô molhado no meu corpo, enquanto eu andava. Uma distância de aproximadamente vinte metros

MEDO DE DAR CERTO

separava o palco do meu quase afogamento e a piscina em que iria competir. Antes mesmo de ultrapassar o portão verde que contornava a piscina central, eu já ouvia o barulho da plateia, à espera da competição seguinte.

Tive um ímpeto de procurar minha mãe naquela multidão, mas desisti. Olhar para ela me levaria a me lembrar de mim. E eu queria esquecer a minha presença ali.

Em silêncio, subi no bloco de partida e mirei a água cristalina. Surpreendentemente, olhar para a raia me causou um súbito relaxamento no corpo. Em algum lugar da minha cabeça, eu sabia que a piscina era meu lugar seguro, era o que eu sabia fazer. Fiquei com os olhos grudados nela, em uma tentativa de não perder aquela sensação.

Foi nesse estado que ouvi o apito do juiz pedindo que todos os seis competidores — eu inclusive — se posicionassem, dobrando o tronco e esticando os braços em direção à outra ponta da piscina. Ao som do segundo sinal, caí na água.

Naqueles primeiros minutos de prova, entrei em uma espécie de estado de *flow*[1]: o meu corpo e a água estavam tão conectados que esqueci tudo, inclusive o medo de dar certo. Avançava de forma rápida e precisa, como se os movimentos fluíssem sem sacrifício. Mas, ao dar a cambalhota para terminar a prova, os gritos da plateia me alcançaram.

Como quem acorda de um transe, tive a sensação de estar sozinha na piscina. Pensei: *das duas uma, ou estou em primeiro lugar*

---

1   Sobre o conceito de *flow*, o psicólogo croata Mihaly Csikszentmihalyi descreve esse estado, cunhado por ele, como "um estado mental que acontece quando uma pessoa realiza uma atividade e se sente totalmente absorvida em uma sensação de energia, prazer e foco total no que está fazendo". Em essência, o *flow* é uma sensação de estar completamente imerso. Como se a realidade fosse suspensa e você perdesse a noção do espaço e do tempo porque está muito envolvido na atividade em questão.

ou em último. No instante seguinte, vi a touca de um dos competidores quase colando no meu quadril. Era Erik[2]. Meu professor havia falado dele, já aconselhando: "O tempo de vocês é parecido. Se você deixar o Erik para trás, a prova é sua".

Eu estava em primeiro e o percurso estava no fim. Mais sete braçadas bastariam para eu chegar em primeiro lugar. A constatação me fez antecipar aquele momento. Eu me vi saindo da piscina, recebendo os cumprimentos e depois subindo ao pódio. *Ao lugar mais alto do pódio. Eu, no primeiro lugar.* Um medo lancinante me invadiu. Senti calor dentro da piscina. Era o medo de dar certo.

Em uma fração de segundos, decidi o que precisava ser feito. Reduzi o ritmo das minhas pernas e dos meus braços até que Erik conseguisse pegar uma distância pequena para chegar em primeiro. Eu ficaria com o segundo lugar, que era, no fundo, o lugar que eu achava que merecia. Milésimos de segundo separaram a mão dele da minha na beirada da piscina.

Meu treinador se aproximou afetuosamente para me contar que eu estava à frente o tempo todo e que, só no final, Erik tinha me ultrapassado. Fingindo decepção, disse para ele e para o meu irmão eufórico, que falava sem parar do meu desempenho durante a maior parte do tempo: "Entrou água nos meus óculos". Ninguém soube da verdade por anos. E, claro, também não contei o quanto eu estava aliviada de ter perdido.

...

"Tela azul da morte" é o nome de um erro que faz com que o Windows — sistema operacional de computadores — trave. Uma espécie de pane que engole arquivos, e-mails, fotos, conversas, histórico de navegação, aplicativos. Uma barreira intransponível

---

2 A maioria dos nomes mencionados neste livro são fictícios para preservar a identidade dessas pessoas.

que impede você de avançar — ao mesmo tempo que apaga tudo o que estava ali antes. Para se livrar do problema, o sistema oferece uma saída: reiniciar. Voltar para o começo.

Não à toa, o medo de dar certo me pareceu tantas vezes com essa tela azul. Um bloqueio total junto a uma mensagem imperativa exigindo uma volta ao início. Ao lugar em que você abre mão de uma relação — como o relato que abre este capítulo —; abandona uma carreira com a qual sonha — como algumas histórias que veremos mais para frente —; diminui o ritmo para chegar em segundo lugar — como foi comigo. Voltar ao início para se livrar da angústia de não merecer ou não saber o que fazer com a vitória, é isso que o medo de dar certo pede.

Uma película de vergonha

Há algo no medo de as coisas darem certo que faz ele ser difícil de explicar: ele causa vergonha. Por anos, foi essa a história que meus familiares e treinador conheceram. "No fim da prova, entrou água nos meus óculos."

Não sabia explicar nem entender ao certo o motivo que tinha me levado a fazer aquilo. Sabia só que era medo. Mas como assim? Medo de chegar em primeiro, de dar certo, de receber a medalha? Medo de sair vitoriosa? Não fazia sentido. E, justamente por isso, eu me sentia inadequada. *Como eu era capaz de desistir de algo que todo mundo ali desejaria?*

Na noite após a competição, minha mãe preparou um jantar especial. Ela cortou os pedaços da lasanha para

> Não à toa, o medo de dar certo me pareceu tantas vezes com essa tela azul. Um bloqueio total junto a uma mensagem imperativa exigindo uma volta ao início.

servir à minha irmã e falou dos movimentos que eu tinha feito na piscina. Girando os braços com a espátula, ela dizia: "Natália tem uma elegância nadando... parece uma ave aquática... movimentos compridos, leves, delicados... a bicha nada.".

Era lindo o olhar da minha mãe para mim, mas eu mal conseguia escutar o que dizia, porque ela não sabia o que tinha acontecido naquele dia. Hoje tenho certeza de que ela seria capaz de entender e me acolher. Mas é esse o efeito da vergonha: encapa situações, experiências e lembranças dolorosas em um plástico filme. Cria uma película impermeável e não deixa aquilo que é dolorido respirar. Embaixo dessa película frágil, a vergonha se alimenta da própria vergonha, impedindo que nos abramos e recebamos o afeto capaz de curar a ferida.

Quando li o livro *A coragem de ser imperfeito*, de Brené Brown, me dei conta do tamanho do monstro contra o qual estava lutando. Ela é pesquisadora na Universidade de Houston e dedicou muito do seu trabalho a entender esse sentimento. Uma das compreensões à qual chegou foi a de que "a vergonha é um sentimento intensamente doloroso. A experiência de acreditar que somos defeituosos e, portanto, indignos de amor e aceitação". Achei preciso. Era isso.

Por mais que eu tivesse uma família amorosa e um técnico preocupado com meu bem-estar, achava que, se contasse que tinha perdido de propósito, seria julgada. Perderia o valor. Não era verdade, mas é assim que a vergonha age. Ela é como um quarto escuro — uma vez dentro dele, não se vê mais nada além de escuridão.

É como se aquele lugar não fosse para mim

Meu medo de dar certo nunca me encontrou deitada no sofá, enquanto comia uma barra de chocolate e assistia à minha série preferida. Sempre apareceu e me paralisou quando as oportunidades estão acontecendo. Ou perto de acontecer.

MEDO DE DAR CERTO

Uma das minhas recordações mais dolorosas e constrangedoras a esse respeito remete a alguns anos atrás, depois de uma demissão. Eu já tinha me formado na faculdade havia alguns anos e trabalhava em uma emissora de televisão. Era parte da rotina recolher equipamentos e organizar o estúdio de gravação depois que o programa acabava. Após um dia comum de trabalho, nossos celulares apitaram em sincronia com uma mensagem. O texto pedia para a equipe inteira descer até a redação. Sabíamos que o programa ia mal em termos de audiência, mas ninguém pensou que o pior estava por vir. Mas ele aconteceu: fomos todos demitidos.

Passado o susto, decidi que tiraria um tempo para descobrir qual seria minha próxima aposta profissional. Tinha umas economias e, depois de muito tempo emendando um trabalho no outro, finalmente sentia que podia usar uns meses para pensar.

Foi quando um sonho antigo voltou: ter uma coluna em uma revista. Sempre amei esse tipo de conteúdo. Era o tipo de pessoa que enchia a caixa de entrada de e-mail dos amigos com textos que me tocavam. Criava pastas no computador para separar, de um jeito fácil, as colunas que mais gostava. Separava momentos do dia para me perder nesse tipo de leitura, como exercício de autocuidado. O que era admiração virou desejo. Passei anos pensando em como seria ter um espaço só meu, toda semana, para falar do que eu julgasse importante. Considerava os colunistas autoridades em suas áreas de especialidade, pessoas cujos pensamentos mereciam ser lidos. Um sonho.

A rotina, intensa até então, não tinha dado brecha para eu arriscar de verdade. Mas, com a demissão, pensei: *era chegada a hora*. Passei uma semana inteira listando os nomes das revistas para as quais queria escrever. Depois, mais alguns dias, estudando o conteúdo e pensando nos assuntos com os quais poderia contribuir. Fiquei mais uns dias escrevendo textos, revisando tudo com cuidado e enviei para os sites em que queria muito trabalhar.

Quatro dias depois, quando eu achava que não ia mais rolar, aconteceu. Meu celular apitou com uma mensagem. Era a pessoa responsável por escolher textos em um dos sites que eu admirava muito. Ela dizia que tinha gostado demais do que eu tinha escrito e que gostariam de publicar meu texto, mas que eu precisaria editá-lo para que chegasse ao tamanho ideal para o site. Os textos deveriam ter, no máximo, três mil caracteres, ela explicou, o meu estava com cinco mil. Depois que eu reenviasse o texto, ela faria o restante dos cortes com carinho. Foi o que ela disse: "com carinho". Era, de fato, uma mensagem carinhosa. Mas eu travei. Olhando para a resposta, não conseguia parar de pensar que ela tinha respondido por educação. Comecei a repetir para mim mesma que ela nem tinha gostado tanto assim. No fim, tive certeza de que ela só tinha entrado em contato por pena.

Eu tinha dedicado quase metade de um mês àquilo, tinha me esforçado muito para conseguir aquela chance e, quando deu certo, recuei, tomada por pensamentos autodestrutivos. Fui invadida pela certeza de que ela estava sendo só generosa, não profissional.

No fundo, estava apavorada. E agi exatamente como alguém apavorado: fugi. Não editei. Não enviei o texto. Pior: não respondi o e-mail. Comecei a dizer para mim que, se eu fosse boa mesmo para aquele espaço, teria mandado o texto perfeito, já no tamanho certo. Como se os colunistas nascessem prontos. Como se não houvesse construção. Como se muito do que fazemos não fosse assim mesmo: aprender fazendo.

Hoje sei que o meu pânico desproporcional apontava para algo mais profundo do que a reação a um simples pedido de edição. O que me tirava do eixo era a pergunta: *quem sou eu para realizar esse sonho que desejo há tanto tempo? Quem sou eu para ocupar esse lugar que sempre me pareceu tão distante?* Foi assim diante da possibilidade de escrever para a revista, foi assim na piscina. *Uma sensação de que aquele lugar não era para mim. E se eu acre-*

ditava que não era para mim, como eu seria capaz de me imaginar ocupando aquele lugar?

O medo de dar certo é cruel porque esconde a sensação de que não merecemos os resultados bons que almejamos. Esse medo faz com que pensemos que não somos dignos de receber o que nos acontece de bom. E se acreditamos nesse não merecimento, a pergunta que mais irá nos atormentar é: *o que eu faço com isso, agora? Como me livro disso o mais rápido possível?* A angústia dessa pergunta é real. A urgência de se livrar desse problema, que é ser reconhecido, também. Ignorar completamente o e-mail foi o meu jeito de me livrar da culpa de receber algo que eu achava imerecido. Um jeito indireto de avisar para a editora que ela tinha escolhido a pessoa errada.

Escutei mais as vozes da minha cabeça do que as palavras da editora. Não realizei o sonho de estrear um texto em um site que eu amava e que, depois, poderia me dar a chance — quem sabe — de ser colunista. Nem subi no lugar mais alto do pódio, que era o lugar para o qual eu tinha tanto treinado. E por não contestar a crença que tinha sobre mim, o medo cresceu.

Confiar no olhar do outro como antídoto

A lição mais importante que aprendi com esses episódios dolorosos é que eu não estava me defendendo do primeiro lugar nem do lugar de destaque, e sim da sensação de que eu não merecia estar em primeiro lugar e nem no lugar de destaque. Então, quando vi as coisas caminhando para isso, interpretei a situação quase como um erro no roteiro, algo ilógico que precisava ser corrigido o mais rápido possível.

No fundo, me parecia mais normal não ser escolhida do que ser. Era mais coerente, na minha narrativa, não alcançar o primeiro lugar, do que alcançar. Me sentia uma farsa, alguém que estava ocupando um lugar que não era o meu.

Na competição de natação, deixar Erik passar na minha frente foi uma forma estranha de alinhar a minha percepção com a realidade. Não responder ao e-mail da editora sobre a coluna, também. Ambos os casos foram tentativas de fazer com que aquilo que eu estava sentindo e pensando sobre mim fosse coerente com aquilo que estava vivendo. Como eu achava que não merecia aquele lugar, fiz de tudo para perdê-lo. Fiz de tudo para retornar ao lugar que eu pensava merecer.

Hoje sei do que esse medo é capaz. Sei que ele distorce a realidade, embaça a visão e reduz as coisas para que caibam nas percepções estreitas que podemos alimentar sobre nós; então, toda vez que me sinto prestes a estragar a minha própria felicidade, gosto de fazer dois exercícios. Os dois seguem o mesmo princípio: quem vê de fora, vê melhor. No primeiro, a ideia é que você procure pessoas em quem confia na opinião e faça perguntas usando o seu medo como guia. Usar o próprio medo na construção da pergunta é importante, porque coloca luz sobre o que o amedronta. E isso, por si só, já torna o processo menos difícil. Vou apresentar dois exemplos para explicar como funciona.

A partir das experiências que eu contei neste capítulo, as perguntas seriam: a editora disse que o meu texto está bom, você acredita que existe a possibilidade de ela ter dito isso só para me agradar? Ela disse que a única questão é a quantidade de caracteres, acha que ela disse isso somente por pena? Estou concorrendo ao primeiro lugar no campeonato de natação, você acha

> Hoje sei do que esse medo é capaz. Sei que ele distorce a realidade, embaça a visão e reduz as coisas para que caibam nas percepções estreitas que podemos alimentar sobre nós.

que o professor me chamou por ser carismática, e não porque tenho habilidade, técnica e competência? Minha chefe elogiou a minha entrega, acha que ela disse isso porque teve um dia bom e queria fazer outra pessoa feliz?

Um outro exemplo, usando uma experiência muito comum. Vamos imaginar que você gosta muito de alguém, mas nunca conseguiu se aproximar, por achar que essa pessoa é muito interessante e não se atrairia por você. Um dia, enquanto você lava a louça, seu celular apita com uma mensagem. É um convite dessa pessoa para um jantar.

Ela relembra a última conversa que vocês tiveram no corredor da empresa sobre filmes e diz que gostaria de te ver para continuar o assunto. No primeiro momento, você fica em choque. Depois, sente uma alegria indescritível, afinal, é o que você queria. Mas isso não dura muito, porque os pensamentos que vêm em seguida são bem descontrolados e perversos: *deve ter mandado a mensagem por engano, com certeza, e só vai perceber que foi um erro, quando eu disser "sim"* ou *me chamou para sair, porque estava sem nada para fazer.*

As perguntas que podem ser feitas nesse caso é: você acha que existe a possibilidade de ela ter dito isso só porque não tinha nada para fazer? Você acha que ela me chamou para sair por engano?

Às vezes, antes mesmo de conseguir formular a pergunta, já caio na risada, porque percebo como a nossa cabeça é capaz de criar e acreditar em coisas absurdas e sem sentido. Os exemplos pessoais que dei aqui são prova disso. Consegue imaginar que uma editora, que recebe vários e-mails por dia e exerce diversas outras atividades, ia parar e responder um e-mail, de quem ela nem conhece, só porque ficou com dó e não porque viu potencial no que foi escrito? Ou que um professor de natação que, ao montar uma equipe para participar de um campeonato, escolha o aluno mais carismático em vez do que nada melhor, porque ele, como professor de natação, não sabe identificar um talento?

Se a gente se distancia um pouco da própria narrativa, é assim que parece: ingênuo e um pouco ridículo. Mas nem sempre conseguimos estabelecer essa objetividade, e acabamos sofrendo. O importante de lembrar é que essa dor não é causada pela realidade, mas pela narrativa que construímos para substituir a realidade. É uma construção baseada no medo. Esse processo sempre me lembra de que as nossas opiniões sobre nós mesmos podem ser mais cruéis e destrutivas do que as de qualquer outra pessoa.

O segundo exercício é voltado para quando estamos com vergonha ou nos sentindo pouco à vontade de falar sobre esse tipo de assunto com alguém. Nesses casos, faço o mesmo exercício, mas usando um caderno. Elaboro as mesmas perguntas que faria para alguém de confiança e, depois de responder a tudo, questiono: quais são as evidências que mostram que a narrativa autodepreciativa é a correta? Alguém realmente disse isso ou será que é fruto da imaginação? Isso se parece com um pensamento que tenho sobre mim? É o outro que pensa isso sobre mim ou sou eu que estou pensando?

Se eu tivesse feito perguntas assim na época do campeonato ou da busca por uma vaga como colunista, é possível que eu tivesse entendido que as minhas percepções não eram realistas. Afinal, não fazia o menor sentido escalar alguém para nadar olhando o carisma e não a habilidade de nado, e também não fazia sentido entrar em contato com uma pretendente a colaboradora se não enxergasse nenhum potencial nela.

Não é você, sou eu

Em linhas gerais, a psicologia chama de projeção um mecanismo de defesa em que a pessoa transfere para outra aquilo que ela mesma está sentindo e pensando. Percebo que um dos sintomas que tenho, quando estou sofrendo com o medo de dar certo, é atribuir ao outro as dúvidas que eu mesma posso ter sobre mim.

MEDO DE DAR CERTO

Ao escrever este livro, vi isso acontecer várias vezes. Bastava eu me sentar na frente do computador e minha cabeça era invadida por pensamentos destrutivos. É como se todas as pessoas do mundo estivessem pensando coisas como: "Quem é ela para escrever este livro?", "Medo de dar certo? Quem disse que o que ela tá fazendo é grande coisa?", "Olha lá, que ridícula".

Eu estava prestes a realizar um sonho, para o qual me preparei, mas por semanas me levantei da mesa sem conseguir escrever nada, porque esses pensamentos eram tudo o que eu conseguia escutar. Me perdia brigando mentalmente com pessoas imaginárias que não tinham rosto e nem nome, mas que geralmente chamamos de "todo mundo", até que o cansaço fosse tão intenso a ponto de só me sobrar energia para ficar rodando o feed das redes sociais.

O alívio só veio depois de muito tempo e de forma inesperada. Meu pai tinha alugado uma casa em uma cidade do interior de São Paulo para passar um mês. Na segunda semana por lá, ele me convidou para passar um fim de semana. Peguei a estrada e encontrei um dia de sol. Animada, decidi entrar na piscina. Meu pai foi buscar uma bermuda para fazer o mesmo e, por algum tempo, fiquei sozinha ali. Um silêncio profundo e quase palpável se instalou. Os pouco mais de três mil habitantes daquele lugar pareciam aproveitar o domingo dentro de suas casas. Não se ouvia nada. Nem carros, nem comércio, nem crianças na rua, nada.

Fiquei alguns minutos imersa nessa sensação de quietude do lado de fora, até que me dei conta do barulho que fazia dentro da minha cabeça. Era o mesmo que me atormentava havia meses. As mesmas críticas, ironias, debaches que me faziam levantar da mesa e adiar o livro mais uma vez. Só que naquele momento eu percebi: não tinha ninguém do lado de fora falando todas aquelas coisas. O tempo todo era eu quem estava criticando a mim mesma. Aquelas frases destrutivas sempre vinham do mesmo lugar: de dentro. Era eu que estava me perguntando: "Quem sou eu para escrever este livro?", "Quem disse que o que estou fazendo é grande coisa?", "Estou fazendo papel de ridícula". Era eu que estava dizendo, não os outros. As críticas eram inescapáveis e inquestionáveis porque elas estavam na minha cabeça. Estavam comigo em todos os lugares. E pareciam só silenciar quando eu parava de escrever.

Por um momento eu cheguei a me ressentir. Acreditava que estava me podando e me afastando da escrita, como uma reação ao ataque externo, mas não. Era uma reação ao meu próprio pensamento. Ninguém, até então, tinha lido este livro, além de mim. Ninguém, até então, poderia criticá-lo além de mim. Mas, sem perceber, passei a acreditar que aquilo que eu pensava de pior, *todas as outras pessoas também estavam pensando* e isso determinou o meu bloqueio criativo por muito tempo.

Hoje, quando começo a me perder em pensamentos destrutivos, eu me esforço para me perguntar: mas quem está dizendo isso? Sou eu ou os outros? E me lembro que esses pensamentos, muitas vezes, servem para nos proteger do medo de dar certo. Porque se eu tenho medo de ocupar novos lugares, é melhor eu imaginar que vão me julgar, assim eu me defendo não indo.

Mas, se parece, mesmo, que é dos outros que vem as críticas, valem as perguntas: quem é esse outro? Qual o nome, o rosto, a voz desse outro? Esse outro realmente disse algo destrutivo ou eu suponho o que essa pessoa vai dizer? A opinião dessa pessoa realmente importa? A história dessa pessoa ajuda ou dificulta que ela me entenda? Eu sou capaz de aceitar que todo mundo é muita gente e eu posso desagradar algumas pessoas?

Quem está dizendo isso para você?

Entender quando é a nossa insegurança falando e quando é, de fato, uma acusação, crítica, que vem de fora, é um trabalho para vida inteira. Dominar isso nos ajuda a lidar com o medo de dar certo. Uma das histórias mais engraçadas que eu tenho sobre isso é de uma tatuagem que fiz. Certa vez, anos atrás, decidi que queria fazer uma tatuagem no braço. A ideia é que o desenho representasse uma mulher escrevendo, nua. Uma simbologia do lugar em que a escrita está para mim. Era uma imagem cheia de linhas se cruzando de forma não linear e que, em um olhar rápido, poderia ser de difícil entendimento. Parte do meu encanto com o desenho tinha a ver com isso: ele tinha um tanto de mistério. Vi a arte em uma parede e quis colocá-la no meu corpo. De primeira, escrevi para o meu tatuador, que respondeu dizendo que, apesar de bonito, o desenho era muito abstrato. Não ficaria bom na pele.

Deveria ter parado por aí, mas entrei em contato com mais três profissionais. As respostas foram similares: não dava. Foi quando tentei o quarto. Semanas depois, cheguei ao estúdio dele. O tatuador estava debruçado na prancheta fazendo o desenho. Antes de eu me aproximar demais, ele foi se explicando. Estava em um processo criativo, fazendo uma coisa *próxima* do que pedi, porque a imagem *original era abstrata demais*. Em seguida, me disse que teríamos de fazer algo mais realista. *Algo que ele achou ótimo, porque estava aprendendo a fazer formas humanas.* Eu deveria ter entrado em pânico, dito que não era esse o combinado, pegar a chave do carro e ir embora. Mas só entrei em pânico mesmo, e foquei na ideia de que tudo bem ser um desenho diferente.

> Quando começo a me perder em pensamentos destrutivos, eu me esforço para me perguntar: mas quem está dizendo isso? Sou eu ou os outros?

Acabei saindo do estúdio com uma tatuagem completamente diferente da que eu tinha imaginado. Bonita, por sorte, mas completamente diferente. No lugar de um desenho abstrato e misterioso, havia uma mulher nua, de costas, com o cabelo *black power*, embaixo do meu ombro. Não era o desenho que eu queria, mas não dava para dizer que era um desenho feio. Achei que poderia lidar com ele, até que a segunda-feira chegou, batendo 27°C.

Eu queria usar uma blusa aberta, mas tinha uma reunião naquele dia e tive certeza de que, se meus chefes e colegas vissem aquela tatuagem, pensariam que eu tinha desenhado uma mulher nua no braço porque eu gostava muito de sexo e queria evidenciar isso. Hoje não consigo lembrar disso sem dar risada. Porque é ridículo, *extremamente ridículo*, mas também é humano. Muito humano.

Quem estava atribuindo a tatuagem de uma mulher nua a uma mensagem erótica, e não poética, era eu mesma. Não os meus colegas de trabalho, que nem tinham visto o desenho ainda. Era eu que estava com medo de que eles pensassem aquilo que eu mesma estava pensando. Mas, em algum momento, essa divisão entre a minha crença e a crença do outro sobre mim se dissolveu e virou uma coisa só. O medo de dar certo, por vezes, funciona do mesmo jeito. Você sonha em fazer algo grande e, quando está prestes a realizar, se percebe com vergonha ou receio, porque acredita que as pessoas estão te julgando. Mas, muitas vezes, quem está te julgando é só você.

Projetar os próprios medos nos outros fecha o cerco em volta de nós. Faz o ar ficar denso, pesado, difícil, até que a única alternativa restante seja fugir. Por isso, levantei da mesa, quando eu deveria estar escrevendo. No celular, rodei o *feed* do Instagram, quando eu deveria ligar o computador. Procrastinei, deixei para depois, vi série ruim, lotei a minha cabeça de pensamentos aleatórios até que a única coisa que consegui fazer foi dormir. Eu só queria parar aquela voz que me dizia que tudo que eu fazia era ridículo.

Mas sempre tem o dia seguinte. E, em um deles, me dei conta da função da projeção na minha vida: ela só queria me proteger do perigo. Fosse me fazendo cobrir o braço, fosse me fazendo evitar a escrita do meu próprio livro.

Se, para mim, a ideia de ver meus projetos darem certo representava algum tipo de risco, imaginar que eu estava sendo julgada, criticada e/ou mal falada me servia como justificativa para abandonar obrigações. E, ao abandoná-las, eu não precisaria terminar o livro e assumir outro lugar na minha própria vida.

...

O medo de dar certo é uma espécie de teia de aranha, que paralisa seu corpo e imobiliza todo e qualquer movimento. Diante de algo que sempre sonhou, reações como ansiedade, medo, culpa, vergonha, desconforto e pressão se sobrepõem, imobilizando qualquer novo passo. E a única coisa que você quer fazer é parar com aquele incômodo, é sair daquela situação. Então você age, fazendo o que precisa ser feito para sair desse desconforto.

Desiste do vestibular para o qual você estudou por anos, e que lhe daria acesso à profissão dos sonhos, inventando um compromisso que poderia esperar ou ser cumprido em outro momento. Atrasa ou falta a uma entrevista de emprego que poderia levar a sua carreira a outro patamar, porque é tomado por uma súbita falta de interesse de trabalhar naquela empresa.

Desmarca o primeiro encontro com alguém por quem você tem desejo, dando uma desculpa completamente duvidosa — e até descuidada — quase como que implorando para que a pessoa descubra que você não é tão merecedor de amor assim. Passa dias treinando um passe para o campeonato do seu esporte favorito, mas, no dia de entrar em campo, diz para o treinador que está passando muito mal, mesmo que esteja completamente bem-disposto.

Por medo de ocupar um novo lugar, por medo de que as coisas deem certo e nos levem a um lugar desconhecido, nunca ocupado por você ou familiares, você simplesmente desiste. No fundo, você sabe que tem algo errado, mas o desconforto é tão grande que você deixa de pensar racionalmente e passa a agir instintivamente. E nem dá para culpar você ou a mim, porque é para isso que nós fomos programados: para fugir daquilo que entendemos como perigo — mesmo que não seja uma ameaça de verdade.

E aquilo que é novo, para a maioria de nós, significa a perda de estabilidade, de segurança e de previsibilidade. É o desconhecido. E isso acontece com muita gente por aí, inclusive com a atriz Ingra Lyberato. Aos vinte e poucos anos, ela era recém-chegada ao Rio de Janeiro. O que era para ser uma passagem rápida e despretensiosa para uma festa de Réveillon acabou evoluindo para convites para atuar em novelas e séries na TV Globo. Você deve ter assistido a alguma das novelas em que ela atuou — *Pantanal, O clone, A história de Ana Raio e Zé Trovão*. Era fácil, nessa época, ver o rosto dela em várias revistas. As pessoas queriam saber o que ela comia, o que vestia, com quem namorava.

Ela estava vivendo uma fase de prestígio e de reconhecimento intensos, um momento pelo qual sempre tinha esperado, embora nunca tivesse imaginado acontecer de um jeito tão perfeito. A contradição é que, por dentro, ela se sentia extremamente insegura, feia e sem talento, o que fazia com que se questionasse: "Como posso me sentir tão frágil em um momento de tanta glória?".

Um dia, ao conversar com uma amiga, ela resolveu desabafar sobre esse sentimento. Por sorte, a amiga era atenta e sensível, e trouxe à Ingra uma percepção que ela não tinha identificado em si mesma: "Ela disse que já tinha notado que, na minha carreira, toda vez que eu estava em um momento de grande expansão, de aumento do meu brilho pessoal, eu simplesmente saía de cena, desaparecia. Ela disse que eu tinha medo do sucesso".

A princípio, Ingra desconfiou do que tinha ouvido. Por uma razão que todos nós desconfiaríamos. A maioria de nós cresce aprendendo a buscar o sucesso, a amar o sucesso, a dar tudo por ele. A ter medo da *falta* do sucesso, e não do sucesso. Entretanto, por mais desconexas que aquelas palavras soassem, algo parecia ter se encaixado. E ela resolveu se lançar nessa busca dentro de si.

Foram semanas investigando a própria vida e analisando o próprio comportamento. Foi quando Ingra se deu conta de uma coisa importante: em momentos de grande destaque, a emoção predominante que sentia era o medo. E não era qualquer medo, e sim um acentuado medo de crescer.

> Eu preferia mil vezes estar ali no meu cantinho, no meu quadradinho, mesmo que minha vida estivesse insatisfatória, infeliz, frustrada. Mas pelo menos aquele espaço eu conhecia muito bem. Eu tinha uma ilusão de que tinha o controle. O mundo lá fora podia me fazer convites incríveis, eu dizia não. Percebi que, a partir de um determinado momento, o sucesso ia ficando tão volumoso que eu começava a recusar os convites.

Recusar convites era uma forma de evitar o próprio crescimento. Uma estratégia, ainda que não racional, de frear o próprio voo. Um jeito de se retirar dos lugares para onde a vida — e o talento — estava a levando. Filha de uma poetisa e um artista plástico, Ingra cresceu em uma casa cheia de música, artes, dança e teatro. As manifestações artísticas, para ela, não eram só familiares, mas uma espécie de comida. Algo que alimentava todo mundo. E ela cresceu sonhando em trabalhar com isso: em ser artista.

Quando os convites para participar de novelas surgiram, no começo da vida adulta, ela sentiu que estava vivendo um sonho. Em um dia, ela estava se apresentando no quintal de casa; no outro, estava em novelas que batiam recordes de audiência. A comoção era tanta que às vezes era difícil sair na rua. Era o auge.

Foi exatamente nesse momento que ela abandonou algumas vezes a carreira. Ora para criar cavalos, ora para construir família. Ora para morar em um lugar distante, sem manter contatos e os vínculos profissionais, relações que eram importantes. Como reflexo desse movimento, os convites também pararam de chegar.

Anos depois, em um momento de profundo autoconhecimento, Ingra entendeu porque tinha abandonado tudo para viver coisas que poderiam, se ela quisesse, conciliar com a carreira. "Vi que aquilo tudo foi desculpa para justificar a fuga. Crescer dá trabalho. É um desafio que exige coragem e abertura. Eu precisava ter me alargado por dentro."

Mas essa postura não foi uma exclusividade de Ingra. A seguir, reproduzo uma história que recebi de alguém que também estava abrindo mão de um sonho por causa do medo de crescer.

Eu estava no auge da minha carreira, com todos os focos e atenções da mídia em mim, com várias pessoas importantes querendo parcerias, propondo palestras, entrevistas. Comecei a sentir que ia dar certo, que, finalmente, depois de tantos longos anos de investimento em três faculdades, com quatro especializações, passagens por empresas multinacionais, clínicas de amigos, minha própria clínica, era a hora exata de dizer sim para tudo isso. E eu disse, mas logo depois falei que estava doente. Aceitava e depois recuava. Sumi das redes, parei de postar, fui deixando outras pessoas ocuparem o meu espaço, convidando outras colegas para me substituírem. Hoje vejo que tive medo do que seria da minha vida se eu aceitasse a vida profissional que tanto sonhei. Hoje, anos depois, estou ainda com minha vida profissional desacelerada, trabalhando bem pouco, cuidando da saúde mental e física porque a menopausa chegou. Fiz de tudo para entrar no casulo do qual tanto demorei para sair. E desisti. Outra fase, sem sonhos ainda, mas com vontades.

Isso me faz lembrar, de novo, da minha recusa em mandar aquele texto. Sei que, se não fosse esse medo, o mais provável era que as coisas tivessem dado certo. Era provável que a resposta viesse, que

MEDO DE DAR CERTO

a editora gostasse, de fato, do texto. Sempre me dediquei muito a tudo que fiz. Trago, além disso, o trabalho como valor. Dar certo era só uma consequência de um trabalho bem-feito, naquele caso. Mas eu não sabia me ver grande, ocupando um espaço que eu acreditava ser enorme. No fundo, achava que não merecia aquele reconhecimento, aquele lugar de destaque.

Agi, então, como se não o merecesse. Validei as minhas crenças de que eu não era tão boa assim, projetando na editora do site algo que ela nunca havia dito para mim. Não mandei o texto editado porque, no fim, achava que era isso que ela esperava que eu fizesse. E, assim, me afastei de novo da chance de olhar de frente para aquele monstro do medo de dar certo.

Falsa humildade

No processo de autodescoberta, Ingra percebeu outro sintoma do medo de dar certo: a falsa humildade. Ela lembra que se sentia humilde ao recusar propostas grandiosas, como quem recusa um pedaço de bolo, deixando-o para que outras pessoas comam. Como se dizer "não" para oportunidades incríveis significasse um atestado de nobreza. No fim, ela percebeu que se excluir da própria felicidade não era humildade nem era uma atitude nobre. "Se a vida — ou o universo, Deus... como você quiser chamar — está abrindo um caminho e você dá as costas para as possibilidades, isso é uma falsa humildade. Na verdade, isso é até mesmo arrogância e ingratidão," ela diz em uma das palestras.

Para Ingra, hoje, humildade é brilhar em seu potencial máximo. Para exemplificar essa ideia, ela fala de uma árvore que dá frutos. Ao gerar frutos, ela está vivendo toda a sua potencialidade, mas os benefícios que produz não acabam aí: a árvore também está alimentando pessoas. Algo parecido acontece quando alguém decide viver o próprio caminho (ou talento, ou desejo): ela inspira outras pessoas a experimentarem viver em plenitude.

Certa vez fui convidada a participar de um evento que eu considerava importante, um evento que boa parte das pessoas do meu círculo de convivência acompanhavam ou do qual gostariam de participar. Foi um dos "sim" mais óbvios que já dei. Não dava para ser outra resposta. Com o passar dos dias, comentei com pessoas próximas sobre o convite que tinha recebido. As reações eram sempre de entusiasmo e reconhecimento, o que fez com que eu também olhasse para mim e para minha trajetória com orgulho.

Mas isso não durou muito tempo porque logo comecei a ouvir uma voz interna que dizia: "Isso nem é grande coisa. Menos". No fundo, achava pouco humilde reconhecer que eu tinha recebido aquele convite, e isso me fazia querer diminuir a conquista. Por coincidência ou sincronia, na mesma semana, encontrei uma frase da Monja Coen que me marcou. Ela dizia que "humildade é ver a realidade como ela é".

Achei providencial e poderoso. Humildade é reconhecer que, entre tantas pessoas, eu tinha sido convidada para aquele evento e que o motivo disso tinha sido a minha trajetória construída até ali. Ponto-final. É possível reconhecer esse fato, sem diminuir a história, e sem aumentá-la também. Sem dizer que foi sorte, presente, caridade. Sem afirmar que nunca haverá alguém melhor que eu em toda a história. Apenas reconhecer o que é.

Para não cair na armadilha de alcançar a humildade, por meio do autossacrifício, eu gosto de pensar que a mensagem importa mais do que o mensageiro. Isso ajuda a nos vermos como um veículo da mensagem, da pintura, da arte, da ideia. Ver a si mesmo como aquele que faz a ponte entre a ideia e outras pessoas. O brilho está na mensagem, e a satisfação está em ser o veículo dela.

O fato de entender que, em uma palestra, apresentação, desenho ou texto, a mensagem é mais importante do que a pessoa que a produz é um jeito de reduzir os ruídos da falsa humildade. Ao se concentrar na mensagem, entendo que ela vai alcançar quem precisar. Não sou eu que controlo isso. Nem quem determina isso. E também não preciso segurar nada.

A falsa humildade vai pedir para que você se esforce e tente parecer menor e contido como forma de boa virtude, mas a essência desse desejo é egoica, porque a intenção é ser visto como humilde, e não ser humilde de verdade. Ser humilde é ser do próprio tamanho.

Sintomas discretos

Embora os sintomas do medo de dar certo sejam sempre piores em situações que empurram a pessoa para a possibilidade de destaque, elas também podem aparecer em situações cotidianas. Como exemplo, posso citar o pavor que eu sentia de *happy hours*. Por muito tempo, detestei esse tipo de evento e nunca consegui entender quem gostasse. O meu sentimento era intensamente o oposto ao de quem ficava muito animado diante da possibilidade de *dar uma esticadinha no bar e/ou na casa de fulano depois do trabalho*.

Para mim, o sofrimento de ter de ir a um *happy hour* era equivalente a ver uma rua do bairro completamente interditada, na volta do trabalho: quebrava por completo a minha rotina, mudava planos, atrasava a volta para casa e tirava, com a precisão de uma pinça, a alegria da previsibilidade. Minha mente estava totalmente pronta para o que aconteceria no fim do dia e, de repente, jogavam uma informação nova ali — *um bar descolado que abriu e a gente não conhece ainda. Vamos?* —, e eu tinha que fazer um esforço sobre-humano para ir.

Mas, depois de anos, esse hábito começou a me incomodar. É que os convites começaram a partir de pessoas muito legais. E notei que eu não recusava só por preguiça, vontade de previsibilidade, introspecção ou desejo de ficar em casa. O motivo era outro.

Lembro de uma situação específica naquela época. Faltava pouco tempo para o Ano-Novo. Abri o guarda-roupa e estiquei o braço, à procura de algo que eu só pegava naquela época: uma caixa com um bloco de notas barato, que já estava com as folhas soltando, que eu tinha batizado como "lugar de escrever desejos para o ano seguinte".

Na véspera do Réveillon, a cada ano, eu sempre fazia o mesmo ritual. Folheava o bloquinho até achar uma página em branco, onde escrevia as coisas que eu queria fazer nos doze meses seguintes. Coisas como "pegar a estrada pela primeira vez dirigindo", "ir ao cinema sozinha", "pedir uma mesa para uma pessoa só em um restaurante" já tinham sido metas realizadas em anos anteriores, mas, naquele dia, escrevi: "ir a *happy hours*".

A motivação era simples: eu estava começando a perceber que dizer não para *happy hours* era um jeito de dizer não para qualquer coisa que estava fora da minha zona de domínio. Era dizer não para as pessoas. Era não lidar com o desconforto de ver relações universalmente superficiais evoluindo para algo além disso. Contraditoriamente, era também uma tentativa de evitar que coisas que eu desejava muito acontecessem. E aí, como teste da vida, aquilo aconteceu.

Eu interessante? Como assim?

Havia uma semana que só se falava naquilo. Uma pessoa muito admirada na empresa em que eu trabalhava tinha convidado algumas pessoas para um *happy hour* na casa dela. A ideia era conversar, comer queijo e olhar o céu — sem falar de trabalho. Ela tinha montado uma lista bem pequena, escolhida a dedo, e estava indo de mesa em mesa para fazer o convite. Para minha surpresa, ela veio falar comigo.

Quando me parou no corredor para passar os detalhes, senti um misto de empolgação por ter sido convidada e desespero por ter sido convidada. Eu realmente não queria ir. Mas não dava para esquecer que eu tinha feito uma promessa para mim mesma. Então,

MEDO DE DAR CERTO

eu estava ali, parada no semáforo, lutando contra todos os meus instintos para não desviar o caminho.

O meu desejo era entrar em qualquer agência de viagem e comprar uma passagem de avião para a Capadócia, para resolver um problema imaginário, e com volta marcada um dia depois. Só de pensar em estar sentada a uma mesa, conversando de igual para igual com a anfitriã e com outras pessoas que eu considerava muito interessantes, já me dava enjoo, misturado com suor no cóccix e com a sensação de ter voltado aos cinco anos.

Receber aquele convite era quase uma prova de que ela — uma pessoa muito interessante — via algo muito interessante em mim também. E me ver nesse lugar era estranho. Fiz um esforço enorme para aceitar. E depois mais um esforço para me manter sentada à mesa, sem ceder à vontade de sair correndo *para resolver aquela coisa lá na minha casa que eu sei que não existe e você também*. E não foi a primeira vez.

Por muito tempo chamei isso de timidez, síndrome de inferioridade, vaidade, arrogância, traço de personalidade antissocial. E embora pudesse ter um pouco de cada uma dessas características em determinadas situações, o que acontecia mesmo era o puro medo de dar certo.

Medo de ser tão interessante ao ponto de poder ir a um *happy hour*, com pessoas que me inspiravam, e me sentir parte do grupo delas. Medo de me ver apenas existindo — sem precisar apelar para alguma história muito boa, uma piada fantástica ou qualquer outra habilidade que, no fim, convenceria as pessoas de que valeu a pena eu ter sido convidada. Medo de sentir aquilo acontecendo, ao vivo e a cores, e não na minha imaginação, enquanto eu tomava banho. A verdade é que a maioria de nós cresce em busca de algo que ainda não somos, mas deveríamos ser. E quando conquistas — como o convite inesperado para o *happy hour* — acontecem relaxadamente, sem sacrifícios, sem estratégia, sem lágrimas, sem suor, isso parece estranho. Nós nos sentimos impelidos a negar, como se tivessem errado o endereço.

Acostumados a batalhar duro sempre por tudo, quando coisas boas e inesperadas acontecem, elas nos fazem tatear o descontrole. Provocam tensão na ideia que temos sobre nós mesmos, racham essas imagens rígidas que nutrimos sobre quem somos, desorganizam o que está acomodado há muito tempo. E isso faz com que nos perguntemos: quem sou eu para merecer isso?

Quando a jornalista que eu admirava desde a adolescência escolheu sentar ao meu lado para tomar uma cerveja, precisei me concentrar para não avisar: "Tem uma cadeira ali do outro lado, caso você não tenha visto.".

Quando ela me perguntou sobre o que eu gostava de fazer nas horas vagas, tive que me concentrar para dar uma resposta lógica e não com a sugestão dos meus pensamentos intrusivos.

> O que entendi é que é necessário algum grau de exposição para lidar com o medo de dar certo. É preciso sair do esconderijo. Mesmo que devagar, mesmo que aos poucos.

No fim, me abrir para ir àquele *happy hour* e a todos os que vieram depois daquele foi uma das experiências intencionais mais cansativas e importantes que vivi naquele ano. Registrei no meu corpo memórias de que, mesmo sem me esforçar, eu era interessante, agradável e uma boa companhia. Não só para algumas pessoas, mas também para aquelas que eu achava interessantes demais.

O que entendi é que é necessário algum grau de exposição para lidar com o medo de dar certo. É preciso sair do esconderijo. Mesmo que devagar, mesmo que aos poucos. Se eu tivesse esperado até acreditar que eu merecia para

MEDO DE DAR CERTO

conseguir ir, talvez esse dia nunca chegasse. É preciso ir, mesmo com medo, mesmo com dúvida, mesmo com insegurança, porque não dá para aprender a nadar sem entrar na piscina.

Eu precisava aprender com o corpo. Tive que topar o convite de pessoas incríveis para fazer o meu corpo entender que ali, junto delas, também era o meu lugar. E não vou mentir: as primeiras vezes foram desgastantes. Porque nossa cabeça pede o tempo todo para que fujamos e voltemos para o lugar seguro. Ela nos ameaça com os piores cenários possíveis, com os pensamentos intrusivos mais cabeludos, com picos de ansiedade que nos fazem repensar mil vezes aquilo que dissemos nesses encontros quando deitamos para dormir.

Mas sempre que isso acontece, eu me lembro que qualquer processo de abertura e aprendizado envolve desconforto. Meu corpo só está reagindo ao novo e quebrar nossas próprias prisões também machuca. Não tem como fugir disso, mas também não dá para andar e ficar no mesmo lugar — e isso é um alívio. Por mais que o avanço não seja aparente, siga caminhando, e uma hora ou outra vai ficar mais fácil. Enquanto não fica, cuide da sua vergonha e insegurança, lembrando que ninguém está pensando tanto em nós quanto a gente mesmo.

2

O medo de dar certo como forma de manter o que é familiar

Movida a alívios

Uma das coisas interessantes que aprendi sobre o medo é que ele é uma espécie de segurança pessoal. Está sempre a serviço, tentando nos proteger de alguma coisa. Sentir medo em um prédio alto nos ajuda a não nos expormos demais e cair. Sentir medo antes de investir dinheiro pode nos ajudar a avaliar bem as opções disponíveis. O medo costuma nos proteger da perda de algo importante para nós — seja uma relação, um objeto, um projeto, um membro do nosso corpo, um lugar social. No meu caso, por muito tempo, ele me protegeu de sair de um lugar conhecido.

Desde criança fui movida a alívios. Por causa disso, no terceiro ano não conseguia entender um menino que estudava comigo, o Everton. Ele tinha cabelo ondulado penteado para o lado e os gestos sempre contidos, como se não quisesse ocupar muito espaço. Falava pouco e de maneira bem sutil. Ninguém percebia a presença dele ali.

A exceção era quando ele tirava uma nota menor do que A+ (na época, os trabalhos e as provas eram avaliados por letras). Nessas horas, o rosto dele se transformava e ele fazia o caminho entre a mesa do professor e a carteira em que sentava xingando em voz alta. Olhava muitas e muitas vezes para a nota, como se não acreditasse no que via, como se ao ver repetidas vezes ela pudesse mudar.

Era uma cena tão incompreensível para mim, que eu comecei a desconfiar que ele apanhasse dos pais quando não conseguia a nota máxima. Ou que ficava sem jogar videogame ou assistir à televisão. A única justificativa para mim é que ele temia um castigo pesado, por isso agia daquele jeito. A menina que sentava na carteira ao lado também intuía a mesma coisa, e um dia perguntou: "Você apanha se tirar menos do que A?". E ele, muito ofendido, respondeu: "E eu lá preciso que alguém me bata para eu querer tirar nota alta?".

Eu só conseguia pensar: *Você é maluco, Everton? Só quero tirar nota suficiente para passar de ano ou para me livrar da recuperação. Mais que isso, só se me ameaçarem com castigo.* Eu achava uma delícia o lugar de "mediana". Sempre que o professor me chamava para pegar o resultado de uma prova ou de um trabalho, tudo o que eu esperava sentir era só uma coisa: alívio.

Vez ou outra eu tirava uma nota alta, e ria — como se tivesse acabado de ouvir uma piada. Porque era engraçado. Eu raramente me esforçava para que aquilo acontecesse. Estava sempre empenhada em escapar por um triz. Gostava disso. Era um lugar sem surpresas e com pouca manutenção.

Ao fazer só o suficiente, eu conseguia me manter ali, sem ser incomodada, exigida, cobrada. Não precisava estudar para manter as notas altas. Era um lugar de pouca entrega. Morninho. Sem a frieza da reprovação, sem o êxtase da aprovação, sem, principalmente, o peso das expectativas alheias. Os professores simplesmente não esperavam nada de mim, e isso era ótimo porque me livrava da chance de decepcioná-los. E tinha outra vantagem: a maioria da minha sala estava ali na mesma situação que eu.

...

Comecei a trabalhar cedo e a lógica da escola me acompanhou, pelo menos em certa medida. Trabalhava duro, mas não me preocupava em subir de cargo ou receber uma promoção. Mas fazer a manutenção de um mesmo lugar por muito tempo cansa, e um dia eu cheguei na terapia dizendo isso. Queria viver uma novidade. *Sabe a sensação de colocar o corpo todo no jogo? Isso. Mas sinto que já alcancei tudo que eu podia.* Eu provavelmente já tinha falado a mesma frase outras vezes, mas, naquele dia, eu me escutei. Então não era mais um desejo pelo lugar morno, era uma sensação de que eu já tinha chegado no teto das minhas possibilidades?

De fato, eu tinha ido mesmo mais longe do que 99% das pessoas com quem eu tinha estudado na escola e era uma das poucas da sala da faculdade que tinha conseguido bons empregos na área. No fundo, achava que tinha tido uma espécie de sorte por ter dado certo e cruzado a linha de chegada do "não pendurou o diploma". Eu só não sabia, até então, que o meu conformismo na vida adulta não era só feito de uma escolha consciente, ele era uma resposta à sensação de que eu estava vivendo o que eu achava ser capaz.

Perceber isso foi importante porque romper com essa ideia exigia quebrar uma lógica antiga: a de que a linha de chegada era próxima. Exigia me colocar no mundo de outro jeito. E, para isso, eu tinha de abrir mão de um lugar conhecido — aquele onde o teto era bem baixo, e as paredes, apertadas. E isso também significava abrir mão de certezas e me lançar ao imprevisível.

Mas tinha algo nisso que me assustava: o fato de assumir para mim que eu queria mais não significava que eu ia conseguir mais. O que ia acontecer, então? Todo mundo quer certezas. E, quando não conseguimos encontrá-las, algo nos tenta a voltar para o lugar conhecido.

Por várias vezes o medo de dar certo apareceu nesse lugar para mim: provocando pavor com cenários catastróficos para me obrigar a voltar ao meu lugar seguro. Diante de um convite, minha mente era invadida por cenas em que eu falava uma besteira incorrigível, e isso me fazia perder tudo. Nessa hora, o teto baixo e as paredes apertadas pareciam um paraíso, me seduzindo para voltar à segurança.

Mas consciente do que estava rolando, eu mantinha a minha posição rumo ao novo. Cambaleante, mas de pé. Então, o meu inconsciente — em um grito de socorro — entrava em ação e me mandava um pesadelo.

Zona de acomodação: um sonho recorrente

Sempre que estou perto de realizar algo significativo para mim, sonho que volto para a escola. Mais precisamente para o ensino médio. Na véspera de uma entrevista importante, no dia anterior de assinar um contrato, dois dias depois de ter dito "sim" para ministrar uma palestra... aquele mesmo sonho vem.

No sonho, atravesso o pátio da escola, subo e desço as escadas à procura da minha sala. Quando a encontro, as cadeiras estão sempre ocupadas e procuro um lugar para mim. A sensação é incômoda, porque a aula sempre já começou e as pessoas estão fazendo um trabalho do qual não participei, mas que vou ter de entregar.

Ando pelas fileiras de cadeiras, aflita e angustiada, questionando: *mas já não saí da escola?* Parte de mim desconfia que sim, mas, ao mesmo tempo, me sinto presa naquele lugar. Sei que preciso terminar a escola para conseguir fazer outras coisas. A angústia toma conta do meu corpo.

Estou presa em um lugar ao qual sinto que não pertenço, mas no qual acho que devo estar. Tento achar um lugar para sentar, mas ele está sempre ocupado por outra pessoa. Ou vazio, mas muito apertado entre duas cadeiras. Acordo sempre angustiada e aliviada. *Era um sonho*, penso, *mas era o mesmo sonho.*

Demorei para entender o quanto esse sonho, que tenho sempre perto de algo importante, tem a ver com o medo do sucesso. A vontade de retornar a um lugar em que eu me sentia confortável e, ao chegar lá, não há lugar para me sentar. A aula já está em curso, ninguém se importa com a minha chegada, ninguém me conhece, ninguém fala comigo. Não pertenço mais àquele ambiente, mas insisto em entrar e permanecer ali.

O interessante é que, a cada vez que o sonho se repete, o lugar que encontro para me sentar é sempre mais apertado. Eu me espremo para caber ali. Algumas vezes, tento puxar conversa com quem está por perto. Quero me entrosar. Ninguém me cobra para que eu fique, a tentativa de pertencer ao que não cabe mais é minha e interna.

Cheguei à terapia uma vez falando desse sonho. E me percebi dizendo: "Não sei, é como se o meu corpo ocupasse outros lugares, mas a minha cabeça ainda estivesse presa no banco da escola". Levei um susto com a minha própria fala, porque ela era uma representação de como eu me sentia, muitas vezes.

Metade de mim confiava que eu dava conta. Metade de mim acreditava que eu podia seguir. Metade de mim sabia que eu não precisava mais voltar para o mesmo lugar de onde já tinha saído. Mas a outra metade voltava, tentava encontrar um lugar onde eu já não cabia mais.

O tempo de elaboração

O nosso corpo tem o próprio tempo para elaborar as coisas. O sonho que mencionei é também uma representação disso. Decidimos dar nome ao nosso medo e, a partir disso, escolhemos nos movimentar, nos entender, elaborar o que sentimos — esperando que a mudança aconteça imediata e instantaneamente. Mas o processo de reorganização não é instantâneo. Leva tempo.

Se eu fosse usar uma imagem para esse processo, eu usaria a de uma casa. Imagine que você mora muitos anos em uma casa. Sabe onde bate o sol e qual cômodo é mais frio. Apesar dos altos e baixos, você ama essa casa. Mas, depois de muitos anos morando nela, você começa a sentir que ela está apertada. Não há espaço para você colocar uma rede, os quadros que trouxe de viagem, o violão, que agora é seu novo instrumento preferido. E não há como abrir mão disso, porque são coisas importantes para o seu "eu" de agora. Então você toma uma decisão: aumentar a casa, construir um novo ambiente para que a sua versão atual more mais à vontade.

No plano ideal, a nova casa já estaria pronta amanhã, mas, por mais dinheiro e tempo que tenha, não há como construir uma nova casa sem desconstruir, antes, a estrutura que estava ali. No processo de autoconhecimento, o mesmo acontece. Para que a nossa vida ganhe um cômodo a mais, precisamos desconstruir as paredes internas que nos fecham em lugares pequenos. Precisamos rever as ideias que nos mantém em lugares apertados. E não dá para fazer isso com pressa, como quem usa uma bomba para acelerar o processo, porque o risco de destruir paredes que estruturam a casa é enorme. O processo de desconstrução precisa de calma, porque há aspectos da nossa vida que precisam ser preservados nessa mudança. Há coisas que não queremos mudar. Nem devemos. O único jeito de fazer isso, então, é aos poucos.

Não dá para ignorar, também, que o processo de reconstrução das nossas visões de mundo demanda pausas. Aumentar de tamanho pode ser exaustivo emocionalmente e levar mais tempo

> O processo de desconstrução precisa de calma, porque há aspectos da nossa vida que precisam ser preservados nessa mudança. Há coisas que não queremos mudar. Nem devemos. O único jeito de fazer isso, então, é aos poucos.

do que nossa pressa gostaria. Se não lembrar de descansar, fica impossível.

Em algum momento, você vai perceber que não acaba quando a obra termina. Por vezes, a casa já ganhou um novo espaço, por vezes você já está ocupando um outro lugar, por vezes já conseguiu construir o que queria, mas foram tantos anos vivendo entre paredes apertadas, que leva um tempo para o nosso corpo *sentir e acreditar* na mudança. Você se vê em um lugar novo no presente, mas parte do seu corpo ainda está lá no passado. É ruim, mas natural ficar nesse meio do caminho por um período. Ocupar o palco grandemente durante o dia e ser assombrado pela sala de aula à noite — é o que ainda acontece comigo. Porque o tempo de elaboração demora.

E faz parte do processo aguentar a obra. Aguentar a travessia. É preciso acreditar que a mudança tem dois tempos: o de fora e o de dentro. Por vezes, me esqueço disso. Entro na terapia me queixando. Queria já ter resolvido o medo de dar certo, já ter elaborado, fico com vergonha de trazer a mesma questão — de novo. Daí sou lembrada de que o tempo da cabeça não é o mesmo do corpo.

Uma vez ouvi a jornalista Juliana Wallauer falando exatamente isso: "Entender com a cabeça é rápido, lógico, fácil. Mas aí você precisa deixar o seu corpo fazer o caminho também. E é outra estrada. Tem mais curvas, sobe e desce, vai e volta. Em um tempo não-linear. É preciso paciência". É o que repito para mim mesma, também, todos os dias.

3

A ideia social de sucesso impacta na forma com que nos aproximamos ou nos afastamos do sucesso

Todo mundo tem um tio

Todo mundo tem um tio que parece ter sido corrompido pelo dinheiro. Aquele que sempre aparece nas conversas de domingo. Talvez você tenha crescido ouvindo o nome dele. Ou talvez esse tio seja o seu pai. Aquele que as pessoas olham meio torto porque cometeu o crime de ganhar um pouco mais de dinheiro que o restante da família. Ou que soube administrar melhor do que todo mundo. Ou porque foi a pessoa que saiu da cidade natal, quando todo mundo decidiu ficar.

Talvez você nunca tenha entendido, ao certo, porque ninguém gosta desse tio, porque a única coisa que falam dele é que ele tem dinheiro. Ou que tomou uma decisão que ninguém ousou tomar. E essa associação "ganhou dinheiro" ou "se mudou" parece sempre vir colada a alguém que se tornou ruim. A pessoa podia até ter defeitos antes, mas o dinheiro foi o pior dos seus pecados. O pecado imperdoável.

Todo mundo tem um tio. E quando você cresce ouvindo sobre esse tio, são grandes as chances de você não querer ser como ele. Ou de não querer ser apontado como ele. E aí o medo de dar certo pode se instalar.

O homem do sanduíche de mortadela

Não lembro quantos anos eu tinha, mas sei que ouvi essa história quando ainda era adolescente. Um homem tinha o sonho de construir um prédio. Certo dia, ele se sentou na cozinha da casa dele e fez uma lista do que seria necessário para realizar esse desejo. Fez cálculos, pesquisas e, no fim da noite, já sabia tudo que ia precisar.

No dia seguinte, bem cedo, ele começou aquilo que seria a grande realização da sua vida. Comprou todo o material de construção que conseguiu e começou a levantar a estrutura, tijolo por tijolo. O que guiava o trabalho dele era a imagem do prédio pronto. Como tinha pouco dinheiro, todos os dias ele almoçava a mesma coisa: um sanduíche de mortadela.

Assim foi por muitos anos: organizando os blocos de cimento, passando massa corrida, apoiando seu corpo em uma escada para deixar o empreendimento do tamanho que havia imaginado. Até que, depois de muito tempo, o prédio tomou forma. Ficou exatamente do jeito que o homem tinha sonhado.

Feliz pela realização, ele chamou todas as pessoas próximas que conhecia para um banquete. Queria comemorar o que tinha realizado. Mas, assim que ele deu a primeira garfada no prato de comida, caiu no chão, passando mal. Minutos depois, morreu.

Tempos depois, a explicação para a morte do homem, que sonhava em construir e viver no próprio prédio, foi dada: o corpo dele havia se desligado, assim como um equipamento doméstico que entra em curto-circuito ao ser exposto a uma substância desconhecida. Ele havia morrido por ter dado uma garfada em um banquete, depois de anos comendo pão com mortadela.

Uma história pode ser contada de muitas formas. Ela serve para ilustrar uma perspectiva, passar uma lição, compartilhar uma moral. A ideia é que, depois de contada, a história gere um debate, uma conversa sobre algo relevante. Essa mesma história poderia ser útil para discutir a importância de não se abandonar enquanto se

MEDO DE DAR CERTO

luta para realizar os sonhos. Serviria para mostrar como é impres-cindível nutrir outras áreas da vida enquanto trabalha. Mas, por alguma razão, não foi desse modo que essa história me foi contada. Nem foi esse o caminho que a discussão sobre a história seguiu.

O jeito como escutei essa história — e o jeito como a recontei muitas vezes — era sobre alguém *sendo punido* pela ousadia de fazer algo grande. Como se tivesse uma *espécie de maldição* em ter uma fé avassaladora em si, na capacidade de construir coisas e de fazer com que dessem certo.

Algo nessa história sempre me lembrou aqueles filmes que só terminam quando o pior acontece. E o pior é sempre aquilo que vai fazer o personagem se arrepender por ter saído do lugar. Para mim, a história do homem do sanduíche de mortadela sempre pareceu guardar um significado oculto. Um castigo, um perigo, o destino para o qual ele caminhava sem saber.

Hoje, anos depois, pensando nas minúcias dessa história, entendo o porquê. O cara não morreu porque comeu sanduíche de mortadela durante anos *enquanto* trabalhava. Não foi o sanduíche de mortadela que o matou. Ele morreu porque comeu uma comida boa, gostosa, diferente, depois de tanto tempo ingerindo a mesma coisa.

Perceba comigo: ele não morre no *meio* do processo, enquanto ainda não chegou lá. Não morre caindo da escada, de cansaço ou por qualquer outra razão. *Ele morre quando conclui a obra.* Quando termina o trabalho, quando olha o prédio e o vê, grande, tal como a imagem que carregava dentro de si. *Morre como alguém que é punido por ter feito algo.* Nessa história, a conquista equivale à morte. A maldição é o homem se dedicar a algo de que não vai usufruir. A mensagem subliminar é que você vai ser pego quando menos esperar, quando finalmente relaxar.

Mas não se trata de uma maldição simples. É uma maldição que é assistida por pessoas que são importantes para ele. O homem não morre sozinho, durante o banho, em preparação para a festa. Não, ele morre diante das pessoas, quando come a primeira garfada. Nesse momento ingênuo e vulnerável de comemoração. É uma morte com espectadores.

E isso, por si só, também é um castigo. A punição por ser visto no pior momento, depois de realizar um grande feito. É esse o papel cumprido pelas pessoas que assistem à morte. Elas representam os olhares que o condenam por ter almejado tanto, por ter saído do lugar confortável. São as pessoas que vão comentar por dias o quanto ele foi imprudente, o quanto pecou por ter levado o projeto adiante.

A morte do homem do sanduíche de mortadela simboliza o medo que temos de que algo muito grave ou doloroso aconteça quando, enfim, realizamos aquilo que queremos tanto: o medo do irreversível. O medo de morrer, de perder nosso lugar na nossa família, no grupo de amigos, de se desintegrar, de sermos vilanizados, de não sabermos mais qual é o sentido da vida, de perdermos a própria identidade, de sermos considerados pessoas ruins, de nos considerarem arrogantes, de nós mesmos nos acharmos arrogantes, de dizerem que merecemos a morte — nem que seja a social, aquela que vem do isolamento — ao alcançar o nosso desejo. E temos esse medo porque o sucesso é um tabu.

Sucesso como tabu

O problema de todo e qualquer assunto tabu é que não se fala sobre ele. E toda vez que não falamos de um assunto, ele ganha uma espécie de couraça impermeável: fica protegido, mas impenetrável. Dentro dessa couraça ficam desejos e memórias. Projetos, vontades, situações que adoraríamos viver, não fosse o medo de ser julgado, apontado, criticado. O problema do tabu é que ele tem a capacidade de deixar você em um lugar solitário e silencioso. O tabu que envolve o sucesso, o dar certo, também não é diferente disso.

Por vezes, a película que envolve um tabu é tão fina, que se partiria ao som de perguntas como: por que lhe parece errado realizar os seus sonhos, sendo que não vai prejudicar ninguém? Por que será que ter dinheiro e reconhecimento parece ser um crime por si só? Não acha estranho que boa parte das representações de pessoas de sucesso no cinema, nas artes e na literatura são associadas a alguém arrogante, frio, calculista e cruel? Não lhe parece pouco razoável dizer que a realização pessoal transforma as pessoas em criaturas ruins se toda vez que você vai à padaria e é mal atendido, a primeira coisa que você pensa é que aquela pessoa não é feliz no trabalho? Esse é o trunfo do tabu: ele pode ser protegido por uma película frágil, porque o medo e a vergonha não deixam ele ser trazido à luz.

Recentemente assisti ao filme *Fome de sucesso*. Ele conta a história da jovem Aoy, que herda a posição de cozinheira no restaurante simples de sua família. Por ser a mais velha dentre os filhos, é seu o papel de manter o único lugar que dá sustento ao pai, já idoso, e aos irmãos.

Todos os dias, ela é responsável por produzir centenas de pedidos, em uma dinâmica que parece nunca ter fim. Em certa ocasião, enquanto trabalha, Aoy é abordada por um cliente que entrega para ela um cartão com o nome de um restaurante. Presa a uma rotina que se resume à família e ao trabalho, não conhecia nada do que ele falava. Mais tarde, descobre que o lugar é tão badalado, que é disputado por celebridades. O restaurante encontra seu sucesso no chef Paul, referência da alta gastronomia e proprietário do local.

Aoy, que havia passado a vida toda acreditando que o destino à sua espera era seguir preparando macarrão, agora é contemplada pela ideia de que pode alcançar outros lugares. Habilidosa, a jovem passa no teste proposto por Paul e começa a trabalhar com ele. É nesse momento que ela percebe a faceta mais intolerante e agressiva de seu chef. Mas ela não se amedronta, está decidida a manter seu lugar na equipe. Aos poucos, Aoy deixa de ser uma jovem insegura e acuada e passa a ser uma funcionária obstinada, destemida e em busca de reconhecimento. E consegue.

É quando se dá conta de que tanto Paul — chef de sucesso —, quanto seus pares se rendem à corrupção para se manterem nos respectivos lugares. Surge, então, um conflito, que pede uma escolha. Seguir no trabalho e se entregar às puxadas de tapete e falcatruas. Ou abandonar o sonho. A mensagem do roteiro é clara: integridade e sucesso estão em lugares opostos. Aoy, então, abandona a carreira ascendente e volta para o restaurante simples da família.

Abraçada pelos seus familiares, ela encontra o afeto e a conexão que havia perdido enquanto tentava lutar por seus sonhos. A narrativa de *Fome de sucesso* é precisa em retratar uma ideia que partilhamos enquanto sociedade. Só é possível manter algum tipo de dignidade, essência e honestidade quando você está longe do dinheiro, do reconhecimento social e do sucesso.

É como se ao chegar a um lugar de reconhecimento e acessos financeiros, você fosse automaticamente se tornar alguém horrível. Acontece que a própria pessoa é responsável pelas atitudes que toma, ou seja, não é o dinheiro que ela tem na conta, os aplausos que recebe ou os clientes em seu restaurante que tomam essa decisão.

Por isso, eu gostaria de ter visto outro desfecho para a história de Aoy. Queria ver a conquista do sonho de ser uma chef de sucesso, fazendo o oposto do que Paul fazia. Criando um restaurante com um ambiente em que os funcionários amam trabalhar. Gostaria de ter visto a versão de Aoy sobre o que é uma pessoa de sucesso. Mas não é isso que acontece.

Quando Aoy precisa abandonar o sonho para honrar os valores familiares, o que vemos é uma mensagem subliminar de que o sucesso é perigoso e que a única forma de sustentá-lo é se corrompendo. Logo, se a pessoa não está disposta a compactuar com esse destino na própria vida, é melhor nem tentar ou se preparar para deixar tudo para trás em algum momento.

Como última mensagem do filme, ela volta para a casa dos pais, em uma representação clara de oposição. O sucesso é representado como algo que afasta você das pessoas que lhe amam, do seu aprendizado familiar, da relação com os pais, dos valores que defende. E, portanto, aquilo que encontra quando se abre mão dele. Triste.

Mas há saídas, inclusive no audiovisual. No mesmo fim de semana em que assisti a esse filme, também vi *Pegando fogo*. Esse filme conta a história de um renomado chef de cozinha, que destruiu a própria carreira com álcool, drogas e compulsão por sexo.

Escondido e isolado em uma cidade pequena, depois de dezenas de escolhas malfeitas e impulsivas, Adam decide tentar mais uma vez: volta à região onde se tornou conceituado e pede uma nova chance ao *maître* que, no passado, tinha lhe dado uma oportunidade.

Adam executa todos esses movimentos com uma postura segura, de quem sabe que faz bem aquilo a que se propõe, mas ainda perdido na arrogância de achar que é autossuficiente em tudo. Ao conseguir a chance que buscava, ele monta uma equipe e traça um objetivo: conseguir a terceira estrela Michelin — o nível mais alto na classificação gastronômica conhecida mundialmente, que confere ao restaurante *status* de qualidade. Um selo apenas já é considerado um feito, três é um grau de excelência inimaginável.

Adam, que já tem duas estrelas, almeja o último degrau dessa escada. Ele trabalha durante meses mirando esse objetivo, mas há um problema: ninguém sabe quem são os críticos Michelin. Ninguém sabe, exatamente, quando vêm. Por isso, a comida tem de ser excepcional todos os dias, a menos que o responsável pelo restaurante perceba os sinais.

Os críticos geralmente chegam por volta das 19h30. Sempre em dupla, mas com meia hora de diferença cada um. Um deles pede um menu-degustação, e o outro à la carte. As bebidas escolhidas costumam ser água e vinho. Para medirem a atenção dos funcionários, é frequente deixarem um garfo no chão. O talher é colocado ali, não jogado ou atirado, para não fazer barulho.

Certo dia, enquanto cozinha, Adam é avisado que dois homens, no meio do salão, seguiram esse *script*. Ele percebe que chegou a hora de conseguir a sua última estrela, e coloca todos os esforços nisso. Assim como o faz diariamente, começa a gritar e a jogar panelas com caldos quentes pela cozinha, na tentativa de amedrontar e pressionar os funcionários a entregarem o nível de qualidade de que ele precisa. Quando chegam os ingredientes, Adam afasta as outras pessoas da bancada e começa a empratar tudo sozinho.

Depois de terem sido levados para a mesa, os pratos voltam. Um dos cremes estava extremamente apimentado. Em choque, Adam ouve um dos cozinheiros dizer que exagerou na picância de propósito para se vingar do que o chef havia feito no passado. Consternado, ele percebe que havia uma chance de ganhar a terceira estrela e tinha acabado de perder. Nesse momento de ruptura, de quebra, dor e frustração, Adam percebe o que está errado em seu comportamento, e por quê.

Ele sai em busca de ajuda, porque entende que a arrogância esconde o medo de confiar nas pessoas e, por causa desse medo, ele age de forma grosseira e violenta. Percebe e se compromete a corrigir a falha. Frequenta um grupo de apoio, se abre para ouvir, pede desculpas, reata laços antes quebrados. E quando descobre que as pessoas que comeram o prato apimentado não eram de fato críticos, mas pessoas comuns, ele já passou por uma transformação. Mudou tanto que, quando os críticos de verdade aparecem, o comportamento do chef já é outro. Na cozinha, em busca da terceira estrela, o comando que ele dá é de calma, tranquilidade e parceria. Sem berro, sem violência, sem gritaria.

Ele se aproxima da bancada de aço com a equipe, prepara o prato com a ajuda de sua assistente e, para sua surpresa, conquista a terceira estrela. Na última cena do filme, Adam compartilha uma refeição com os outros cozinheiros, em um gesto de comunhão. E fica evidente que a causa da destruição dele foi o seu comportamento, não o sucesso que alcançou.

Gosto desta narrativa por dois motivos: o primeiro é que mostra que o sucesso não tem capacidade de transformar ninguém em vilão ou herói, mas sim o descuido com as emoções, que reflete em nossos comportamentos. Mas, como o sucesso é um tabu, fica fácil colocar tudo na conta dele. O segundo é que Adam tem a chance de se arrepender e mudar, mas sem abrir mão do sucesso e de seus sonhos. Ele não precisa abandonar tudo para entender que o sucesso não faz dele alguém melhor do que os outros, nem é punido com a ameaça de não conseguir a terceira estrela.

Adam não precisa morrer, como na história do sanduíche de mortadela, para se redimir por ter sonhado com algo e colocado os pés pelas mãos durante esse caminho. Não, ele erra, confunde sucesso com arrogância, percebe que errou, se compromete a ser melhor e continua lutando para realizar o sonho. Em minha análise, Adam sabe que não é o sucesso que deforma alguém, mas sim a ideia que temos do sucesso. E toda ideia pode ser reformu-

> ... o sucesso não tem capacidade de transformar ninguém em vilão ou herói. Mas sim o descuido com as nossas emoções, que reflete em nossos comportamentos. Mas, como o sucesso é um tabu, fica fácil colocar tudo na conta dele.

lada. Em algum momento, todos nós precisaremos investigar quais são as ideias de sucesso que temos. Quais são as associações que aprendemos e reproduzimos de forma automática. Precisaremos nos perguntar como pessoas de sucesso são vistas por nós: dignas de admiração ou merecedoras de punição? E assumir que nós podemos ser o nosso bom modelo de sucesso.

Não sei por que fiz, só fiz

Recentemente, comecei a usar um aplicativo para me ajudar a meditar. Além de jornadas de meditação, ele também dispara reflexões sobre sentimentos e emoções, comuns na vida de todos nós. Outro dia, enquanto me preparava para começar a prática, uma dessas mensagens me chamou a atenção. Ela dizia que a maior parte das pessoas que ganham na loteria tende a perder tudo em questão de anos. Mas por quê? Falta de educação financeira, que leva a gastos extravagantes e pouco calculados, questões sociais, como a necessidade de ajudar a família e resolver a própria vida, golpes e investimentos ruins são algumas das razões mais comuns. Mas há outro fator recorrente: a dificuldade de lidar com uma mudança intensa e inesperada.

Todo mundo já fantasiou sobre ganhar um prêmio milionário, seja na loteria ou em um programa de televisão. Eu, por exemplo, fantasio com isso desde a adolescência. Era um dos assuntos preferidos com os meus amigos de infância. Era só o silêncio se instalar que alguém perguntava: "O que você faria se você ganhasse um milhão de reais?".

Tinha sempre quem dizia que ia comprar um carro popular e seguir trabalhando. E logo era atacado com vários argumentos de que isso jamais aconteceria, porque com um milhão de reais, na época, ninguém trabalhava. A conversa rendia horas com planos sobre viajar o mundo, comprar uma casa linda, um carro digno de capa de revista, além de ajudar amigos e família.

MEDO DE DAR CERTO

Mas tinha um ponto que costurava todas as nossas fantasias, por mais diferentes que fossem: todo mundo se sentia pronto para lidar com aquilo. Todo mundo parecia estar pronto para ver a conta bancária saltando de três dígitos para sete. Mesmo os mais receosos e modestos encaravam a ideia de ganhar na loteria como uma mudança fácil. Provavelmente os ganhadores milionários que perderam tudo compartilhavam do mesmo pensamento. E essa foi a armadilha para muitos deles.

Temos uma sensação coletiva de que as mudanças, quando são voltadas para melhorias, são sempre boas. Embutido nessa ideia está um sentimento de que não teremos trabalho algum para nos adaptarmos à nova realidade ou compreendermos a nós mesmos nela. Acontece que, mesmo se forem incríveis, as mudanças causam uma desorganização dentro de nós e isso pode ser apavorante. Elas exigem que saiamos de um lugar, de um papel ou de uma posição para ocupar outra. Há uma despedida em cada mudança e isso pode ser muito doloroso.

Ganhar na loteria significa também ser pressionado por uma infinidade de dúvidas: "O que fazer com tanto dinheiro: investir ou abrir uma empresa? Mudar de casa ou reformar a atual? Viajar ou ajudar a família? E, se ajudar, quanto dar para cada pessoa? Será que é bom contar às pessoas mais próximas sobre o prêmio? E quem garante que elas vão guardar segredo? Será que vou virar aquele tio que todo mundo odeia?". Viu só? Mesmo uma mudança excelente como ganhar na loteria causa uma desorganização interna.

A depender do tamanho dessa bagunça, há quem queira se livrar do dinheiro, como quem se livra da causa de uma preocupação. Torrar tudo que ganhou é uma forma de voltar para o lugar conhecido, com preocupações conhecidas, com angústias conhecidas. É retornar a um ambiente onde você já sabe o que esperar.

O medo de dar certo muitas vezes significa o medo das coisas que vêm junto com o sucesso. A olho nu, você pode julgá-las como pequenas e insignificantes, mas elas também sequestram a nossa energia mental e emocional. E é disso que nos defendemos. Então, é melhor não fugir nem lutar contra esse medo: é melhor entendê-lo.

Ao estudar sobre o assunto, dentro e fora de mim, entendi que um jeito de tratar o medo de dar certo é se preparar. No exemplo da loteria, o preparo seria fazer uma aposta e dedicar um tempo para se imaginar ganhando o prêmio. Quais seriam as sensações? E os medos? E os anseios? As dúvidas? Para onde sua cabeça tende a ir quando pensa nisso? Se a minha preocupação são os empréstimos para parentes, para quem eu emprestaria o dinheiro e quanto? Se o que me angustia é a decisão de mudar de casa, onde eu ficaria confortável em morar?

Essa estratégia é ótima para evitar a "tela azul", que me desesperou naquele dia na competição da natação. Quanto mais conhecemos uma situação, mais fácil será lidar com ela quando acontecer. No documentário O *Retorno de Simone Biles*, o treinador diz algo que simboliza isso: "quando a mente está pronta, o corpo vai".

Experimentei isso na prática durante uma apresentação de trabalho em um dos projetos que participo. Fui convidada para fazer uma apresentação importante para um grupo de quarenta pessoas. O evento aconteceria um mês depois do recebimento do convite e estava envolto em muita expectativa tanto dos organizadores quanto do público.

Na época, eu tinha feito um compromisso de me expor a situações desafiadoras porque intuía que, assim, as coisas ficariam mais fáceis com o tempo. Queria me desenvolver no âmbito profissional e sabia que, para isso, uma das coisas que tinha de fazer era perder o medo da exposição. Conto mais sobre isso nos próximos capítulos.

Mas só saber que aquilo era importante não fazia magicamente as circunstâncias ficarem fáceis. Só de me imaginar em cima do palco, meu corpo inteiro congelava. Sentia meu estômago se

MEDO DE DAR CERTO

retorcer e minha respiração ficar entrecortada, como se eu tivesse corrido uma maratona.

Um conflito grande se instaurou naquele instante: por um lado, eu queria muito que aquilo desse certo; por outro, não sabia como controlar meu medo de estragar tudo. Convivi com a ansiedade durante muitos dias, ora negando que aquele evento aconteceria, ora relembrando excessivamente e a cada instante todos os detalhes.

Em determinado momento, tomada de medo, tive um *insight*: como será que os atletas fazem quando precisam entrar em campo? Digitei "ansiedade + atleta" no YouTube e descobri duas coisas incríveis: 1) Até mesmo os melhores atletas do mundo também podem sentir ansiedade. Também morrem de medo; 2) Muitos deles usam uma técnica chamada "visualização" para lidar com tudo.

Funciona assim: você escolhe um lugar tranquilo e silencioso e imagina em detalhes como será o dia da competição/apresentação/reunião/conversa. Com qual roupa você estará, com qual perfume, como será a sua imagem refletida no espelho do elevador, ao sair de casa, qual será a sensação de seu corpo tocando o banco do carro, quais aspectos terá a fachada do local em que será o evento, os rostos das pessoas com quem se encontrará? Quanto mais detalhes, melhor.

Depois é só repetir esse ritual de imaginação todos os dias, até o "dia D". Essa prática fez com que eu tivesse uma das melhores apresentações da minha vida. Quando o dia chegou, parecia que eu já tinha vivido aquilo. E era verdade de certa forma, porque na minha imaginação aquela cena se repetiu muitas e muitas vezes; então, quando chegou o momento tão aguardado, a sensação era de relaxamento.

Quando saí do palco, recebi muitos abraços e parabéns. Ouvi, de mais de uma pessoa, que a sensação que passei era de uma apresentadora em um *talk show*, de tão relaxada que eu estava. E o melhor: senti o mesmo.

Ter em mente uma visão do que vai acontecer libera espaço interno, abaixa a tensão e faz com que nos sintamos melhor. Em resumo, esse exercício de visualização diminui a intensidade do estresse, à medida que prepara você para o que vai acontecer.

Nem todo desconforto é ruim

Estou fazendo pilates há algum tempo. Queria lidar com uma dor que tinha aparecido na lombar e fazia meses que não ia embora. Gostei de um estúdio perto de casa e comecei a frequentar as aulas. Os exercícios eram um misto de movimentos para esticar e para fortalecer. Parecia exatamente aquilo que eu estava precisando.

Em uma aula, a professora pediu para eu me deitar na maca e fazer um movimento que se chama vela: deitar de barriga para cima e elevar os pés juntos em direção ao teto, apoiando o tronco nas mãos. Só tinha um detalhe: ela queria que eu empurrasse uma barra com esse movimento. Eram dez repetições, sempre prestando atenção ao meu corpo. Mas, quando eu estava na oitava subida, senti o cansaço. Um tipo de cansaço que indica que você chegou ao limite e que exige uma pausa imediata. Mas não foi o que fiz. Posicionei as pernas na barra e empurrei o corpo em direção ao teto, mais uma vez. Foi nessa hora que eu e toda a sala ouvimos um estalo bem alto. Em frações de segundo, uma dor aguda no meio das costas me tirou todo o ar. Não consegui pensar em nada, só fiquei imóvel tentando me recuperar. Por sorte, tinha sido só uma torção na coluna e não algo mais grave.

Depois de cuidar da lesão, continuei frequentando as aulas. Foi quando a professora me pediu para fazer outro movimento. A ideia era esticar uma das pernas em uma maca e empurrar uma barra com os braços, como se fosse juntar ambos. Como nunca tive um corpo muito flexível, o incômodo do movimento era bem grande. Mas insisti repetindo a mim mesma: "Meu corpo precisa ocupar o lugar dele". A sensação após a aula foi indescritivelmente boa.

MEDO DE DAR CERTO

Naquele dia, voltando para casa, fiquei pensando nas duas situações. Ambas tinham incômodo. Ambas traziam desconforto. Mas, apesar disso, não eram iguais. Uma delas me machucou e me prejudicou, porque não respeitei meus limites. Na outra, precisei suportar o incômodo para levar o meu corpo ao lugar dele.

Foi uma lição para a vida: nem todo desconforto é ruim. Às vezes ele é um sinal de que estamos esticando a nossa vida e nossa perspectiva. É importante saber diferenciar essas situações que incomodam, para não recuar quando poderíamos avançar. Mas também para não avançarmos quando deveríamos recuar.

A propósito, certo dia, ao conversar com minha professora, ela disse que a fisioterapia é a reabilitação do movimento. Achei lindo. Me pareceu também uma metáfora para a vida. É preciso reabilitar o movimento. Não como quem vai além dos limites, mas como quem não desiste antes dele. Talvez seja sobre isso, também, o movimento de cuidar do medo de dar certo.

A placa de proibido

Certa vez ouvi um professor contar que na casa de todas as pessoas existe uma placa invisível de "proibido". E que nosso papel, enquanto adultos, é identificar essa placa e tirá-la dali. Algumas versões dessa placa são: "é proibido chorar", "é proibido ser vulnerável", "é proibido ter raiva", "é proibido ter fraquezas", "é proibido pedir ajuda", "é proibido reclamar", "é proibido ter medo", "é proibido falar do que sente", "é proibido ganhar mais que o seu irmão", "é proibido ser mulher e ser independente".

O professor dizia que crescemos cientes da existência dessa placa, mesmo que não consigamos apontar onde, de fato, ela está. A invisibilidade é parte do poder da placa e faz com que ela esteja em tudo.

Viramos adultos obedecendo ao comando da placa. Escondendo emoções sem saber o motivo disso. Nos escondendo da vulnerabilidade sem saber por quê. Negando toda ajuda, porque de alguma forma isso nos parece ruim. Sabotando nosso avanço para não incomodar outras pessoas, mesmo que isso não tenha uma explicação lógica. E levamos essa placa conosco quando saímos da casa dos nossos pais, porque é o mesmo que eles fizeram anteriormente, repetindo um ciclo de gerações. Uma herança que parece que não podemos nos desfazer. Há quem só se dê conta da placa que está carregando quando é acometido por uma espécie de ressentimento. Uma sensação de que está seguindo um *script* que não foi exatamente o que escolheu.

Há outras pessoas que só percebem a placa quando são confrontadas com a pergunta: "Mas por que você não expressa suas necessidades? Não pede ajuda? Não faz por você? Não fala o que sente? Por que você não chora, se é isso que precisa?". Nesse momento, você é levado a responder que sempre achou errado, que sempre achou que não podia ou que não dava conta — que é essa história que você viu acontecer em muitas gerações.

O ciclo só se quebra quando percebemos que existia uma placa invisível, que passamos anos obedecendo e que atender a ela foi a forma que encontramos de demonstrar lealdade e amor à nossa família. A mudança acontece quando entendemos que é possível demonstrar o amor de jeitos menos destrutivos.

Mas, por termos convivido tantos anos com esse comando, desfazer-se da placa não é um processo que acontece do dia para a noite. Pelo contrário. A história a seguir conta como esse processo leva tempo.

Minha mãe sempre foi uma pessoa muito negativa, nunca vibrou com nenhuma conquista, nem me apoiou nos desejos de mudança. Sempre que compartilhava algo, o que ouvia era: "Eu não faria", "Melhor ficar nesse emprego ruim do que não ter nenhum". Acabei crescendo com medo e sem reconhecer o meu real potencial. Demorei anos e foi à base de muita terapia

MEDO DE DAR CERTO

que entendi que eu não precisava atender às expectativas, principalmente da minha mãe.

Depois que entendi isso e passei a reconhecer que eu era boa na minha profissão, eu deslanchei na minha carreira, hoje posso dizer que sou bem-sucedida e não tenho medo de mudanças, se forem para o meu crescimento pessoal e profissional, independentemente do que minha mãe ou qualquer pessoa vão pensar.

Na maioria das vezes, teremos de jogar a placa fora muitas vezes ao longo da vida. Mas vale a pena.

Quando você se perder no dilema entre seguir o seu caminho ou obedecer às placas invisíveis, se pergunte: se eu continuar fazendo as mesmas coisas que eu faço hoje, daqui a cinco anos eu estarei mais feliz? A que estou servindo com a minha obediência? Isso me preenche? Obedecer às placas invisíveis me faz amar mais ou menos minha família? Quais são os outros jeitos que eu posso mostrar que amo a minha família, sem ser por obediência a essa placa invisível?

4

Medo de dar certo devido à ansiedade que o sucesso causa

Autorizem o meu sucesso, por favor?

Por muitos anos, lidei com oportunidades que poderiam ter me proporcionado destaque como se eu estivesse em uma fila de supermercado. Sempre que chegava a minha vez de seguir em frente, eu olhava para trás e, com delicadeza, pedia para a pessoa de trás passar no meu lugar. Não fazia isso sempre nem em todas as circunstâncias. Fazia apenas naquelas oportunidades que me projetavam para um lugar de exposição.

Com o tempo, entendi o motivo disso. Ainda que dentro da minha família o sucesso sempre fosse celebrado, eu não tinha essa segurança em outros ambientes. Sentia medo que as minhas conquistas ameaçassem as minhas conexões. Como se o destaque na profissão significasse ser retirada e afastada dos grupos a que pertenço. E, se para mim — como para a maior parte dos seres humanos —, era fundamentalmente importante o senso de pertencimento, é claro que eu precisaria que as pessoas me autorizassem a brilhar. A autorização era uma garantia de que eu não sofreria com as consequências da crítica, da rejeição e do abandono.

Junto a isso eu carregava a sensação de que ser bem-sucedida era uma afronta. Soava quase como algo ilegal, um roubo. Algo que

MEDO DE DAR CERTO

demandava uma correção, uma punição, um isolamento. Queria que me dissessem "tudo bem você conseguir, você pode". Queria que dissessem que, se atingisse o meu objetivo, não ameaçaria o meu lugar.

Entre o medo de não pertencer e a vontade de ter sucesso

Eu nem tinha nascido quando um cara chamado Solomon Asch entrou em uma sala com seu jaleco branco. Era 1951 e com umas linhas, uns atores e um voluntário, ele ia descobrir como a humanidade é capaz de colocar os próprios anseios e ideais no bolso só para não ameaçar sua sensação de pertencimento com relação às comunidades a que pertence, como os grupos familiares, de amigos e de colegas de trabalho.

Funcionou assim: um voluntário (que não sabia nada sobre o experimento) era colocado em uma sala com atores. O professor, então, mostrava um cartaz com algumas linhas e perguntava qual delas era maior entre aquelas que ele estava mostrando. A resposta era óbvia, mas os atores respondiam errado. O que acontecia, então, é que o comportamento dos atores influenciava na resposta que o voluntário dava. Em grande parte dos testes, as "cobaias" respondiam de forma incorreta também, influenciados pelo comportamento do grupo e procurando se adequar a ele.

Esse experimento mostra como somos capazes de ir contra o que estamos vendo para não irmos contra o que as outras pessoas veem, mesmo que o que elas veem esteja errado. Para ser honesta, não julgo quem traiu a própria percepção. Aposto quase todas as minhas fichas que eu também seria essa pessoa. Percebendo que uma linha é maior do que a outra e, ainda assim, capaz de ir contra a própria conclusão para não ir contra o grupo, para não perder um lugar neste grupo.

Pertencer vem de uma necessidade evolutiva. Nos primórdios do mundo, era preciso se fundir ao grupo para aumentar as chances de sobrevivência. Aqueles que eram mais queridos pela comunidade, pela tribo, tinham maior chance de serem protegidos das ameaças e perigos.

A mensagem subliminar nesse contexto é que o olhar, o julgamento e a impressão do grupo sobre nós importa muito, porque podiam representar a diferença entre permanecer com vida ou não.

Na ideia de comunidade, quanto mais agimos de acordo com o grupo ao qual pertencemos, maior é a sensação de familiaridade gerada em nós e no outro. Essa sensação produz um instinto de proteção porque, no fim, estamos protegendo não só o outro, mas a projeção que fazemos de nós mesmos no outro.

Você deve se lembrar de alguma situação em que alguém criticou o jeito de uma pessoa com quem você se identifica. A forma como você provavelmente defendeu essa pessoa não era para proteger a pessoa em si, mas para proteger a forma com que se vê nela. Se você permitir que ela seja massacrada, isso quer dizer que você também será. Se parecer, em última análise, é uma forma de nos vermos em grupo. De não nos sentirmos só, de acreditarmos que não estamos sozinhos. Uma forma de reforçar esse vínculo é dividir códigos, costumes, assim como compartilhar ideias, percepções e visões de mundo.

Destoar do grupo, dentro dessa compreensão, seria o equivalente a se diferenciar, a se destacar, a ser considerado menos digno de proteção e, portanto, de sobrevivência. Não à toa, o sucesso pode ser tão ameaçador, porque ele nos coloca como diferentes e nos "separa da tribo".

Para onde isso vai me levar?

Não é lógico ter medo de coisas boas. Não faz muito sentido, mesmo. Mas, quando olhamos de perto, dá para perceber que a possibilidade de dar certo, de ser bem-sucedido, é algo que pode

MEDO DE DAR CERTO

nos tirar do lugar. Pode nos levar a lugares desconhecidos e isso pode ser apavorante.

Quando eu estava na faculdade, consegui um estágio na emissora de TV da universidade. Foi uma ótima oportunidade, não só porque eu estudava e trabalhava no mesmo lugar, mas também porque lá tive a chance de apresentar, ao vivo, um programa de entrevistas. A transmissão era feita por um canal em que várias faculdades tinham parceria e tinha uma audiência baixíssima, mas não importava para mim. Eu amava jornalismo televisivo e a ideia de poder trabalhar nessa área, enquanto estudava, era realmente incrível.

Uma vez por semana, eu fazia uma maquiagem, escolhia a minha melhor roupa e entrava no estúdio para gravar. Foi nessa época que comecei a desejar trabalhar para sempre nesse formato. Lembro de pegar o ônibus de volta para casa e me imaginar em uma grande emissora de televisão. Me via na bancada de um jornal, falando com milhares de pessoas. Era um sonho bonito, até o exato momento que virou um desconforto ansioso.

Para decorar a abertura e as perguntas que eu tinha de fazer durante o programa, às vezes eu ia até um banheiro. Ficava com o texto na mão, repetindo o texto e as perguntas. Entrava em um estado de foco e concentração tão grande, que esquecia todo o resto. Mas aí, de repente, entrava alguém ali e — no susto — eu agia da maneira mais antinatural possível: cumprimentava a pessoa em excesso, parecendo alguém completamente desregulada, ou ignorava a pessoa de um jeito que evidenciava que eu estava ignorando. Em ambos os casos, eu sempre me perguntava: "Por que fiz isso?". E a resposta mais honesta era: "Porque não quero parecer a atriz do meu prédio".

No prédio em que eu morei a vida toda, circulava uma atriz famosa, uma mulher que tinha construído toda a carreira dela na TV Globo. O rosto dela era conhecido por qualquer pessoa que já tenha visto novelas em algum momento da vida. Diziam que ela visitava o condomínio porque o filho morava nos blocos de baixo, o que parecia fazer sentido, já que não era sempre vista. Mesmo assim, toda vez em que aparecia no prédio, as opiniões sobre ela se dividiam entre "muito metida" e "se acha demais". Quem a achava "muito metida" dizia que ela andava pelo condomínio, e "nem cumprimentava ninguém". Já quem acreditava que ela "se achava demais" falava que ela andava esperando que as pessoas a reconhecessem. O interessante é que pouquíssimas pessoas de fato a tinham encontrado. A maioria das opiniões se baseava no que os outros falavam.

Lembro de ouvir essas histórias e reproduzi-las, sem pensar. Sempre colocando as mesmas opiniões que, na verdade, eram de outras pessoas. Eu, Natália, não tinha o que dizer. Encontrei com a atriz uma vez, durante todos os anos que morei no condomínio. E foi rápido. Ela descia em direção à administração do prédio, e eu subia para a minha casa. Não havia nada diferente na postura dela que me fizesse pensar que era metida ou alguém que se achava. Era só uma pessoa. Tenho certeza que a maioria das pessoas, se fosse honesta, poderia chegar à mesma conclusão.

Mas não, aquelas certezas sobre ela foram repetidas até que virassem verdade. A diferença entre aquela atriz e qualquer pessoa que morava no condomínio é que ela tinha uma característica que nós não tínhamos: a exposição. Ela era uma pessoa conhecida. As pessoas sabiam o nome dela. Bastava uma pesquisa na internet para descobrir mais detalhes sobre sua vida particular. Ter algo ruim para falar dela, mesmo que inventado, era como exercer algum tipo de poder. Uma passagem privilegiada para um bastidor que ninguém sabia, mas adoraria descobrir. Passar a informação adiante era ter o poder e gozar dele.

A ocasião em que a encontrei me deixou pensativa. Por um segundo, esqueci do que tinham me dito e vi só — e apenas — uma

MEDO DE DAR CERTO

pessoa. Foi a primeira vez que me dei conta de que não conhecia a atriz, só o que falavam dela. Não fazia ideia se ela mesma sabia sobre o que falavam a seu respeito. Mas imaginar que ela sabia fez com que eu tivesse compaixão. Depois, uma espécie de preocupação, que virou vigilância. Prometi para mim que, se um dia eu chegasse àquele lugar, tentaria com todas as forças não ser vista como ela.

Anos mais tarde, quando me tornei apresentadora do canal universitário, essa memória voltou com força. Eu não tinha nem meio por cento da projeção, fama e exposição daquela mulher. Passava a milhares de quilômetros do espaço que ela ocupava. Mas a lição sobre "como tratamos pessoas que estão expostas" ficou comigo.

Para mim, parecia que o problema não era ser ou não como a atriz da Globo. Mas ter algum destaque notável. Estar exposto naquele lugar em que as pessoas veem vulnerabilidade, porque é ocupado por uma pessoa só. Só uma atriz. Um lugar em que as pessoas apontam e julgam e atacam, porque é um lugar que gera desejo e repulsa. Um lugar destacado. E, por isso, alvo de expectativas e projeções. Eu era a única apresentadora do canal, e isso me colocava em um lugar único também.

Quando ensaiava a entrada no programa, ali no meio do banheiro da faculdade, eu tinha medo de ser julgada, como aquela atriz era. Não queria passar pelo mesmo que ela passou, não queria que a minha microprojeção, dentro daquele universo, virasse alvo. Então, ou eu cumprimentava em demasia, com medo de ser chamada de metida; ou eu não cumprimentava com medo de ser taxada como alguém que "se acha demais". Era um conflito.

Ao mesmo tempo que era incrível viver tudo aquilo, nada me deixava tão ansiosa quanto viver tudo aquilo. Nos dias que eu me imaginava em uma posição de muito mais destaque do que no canal pequeno da universidade, a história da atriz me fazia recuar. Era como se eu pensasse: *se o preço de as coisas darem certo é sentir uma ansiedade avassaladora, prefiro que elas não deem certo, mas que eu esteja em paz.*

Com o tempo, consegui colocar luz neste monstro. Entendi que não tem como controlar o comportamento das pessoas nem as ideias que elas têm sobre sucesso. Não dá para convencer todo mundo de que a história contada sobre a atriz revela mais sobre as pessoas do que sobre a atriz. Não dá para chamar cada pessoa para uma conversa e perguntar: "Você realmente acredita nisso? Ou só está reproduzindo uma coisa que ouviu?".

Mas podemos cuidar do que está sob o nosso controle. E o que está sob o nosso controle são os nossos pensamentos e o nosso comportamento. Parte disso é acreditar que tudo que fazemos é passível de julgamento — bom ou ruim. E que, mesmo controlando nosso comportamento, não controlamos o pensamento do outro. Quem quiser julgar, julgará.

> Entendi que não tem como controlar o comportamento das pessoas nem as ideias que elas têm sobre sucesso. [...] E o que está sob o nosso controle são os nossos pensamentos e o nosso comportamento.

Vai me colocar em situações desafiadoras

Enquanto escrevia o livro, senti uma necessidade intensa de ouvir outras pessoas. Queria saber se tinham o mesmo medo que eu e como ele aparecia para elas. Tive a ideia de criar um formulário e pedir que as pessoas compartilhassem suas histórias comigo.

A Gabriela foi uma das que topou participar. E a história dela me fez pensar sobre como o medo de dar certo é, muitas vezes, uma tentativa inconsciente (ou não) de nos proteger de situações desafiadoras. Ela me contou que, quando criança, se mudou para Minas Gerais com a família. Foi criada por uma comunidade de mulheres, presentes e generosas, sempre dispostas a ajudar umas às outras.

Mas, nos últimos dois anos, ela passou a sonhar em morar em outro lugar. O desejo surgiu durante uma viagem a São Paulo, lugar em que os pais se conheceram. A ideia era visitar o passado, mas logo virou outra coisa. No momento em que chegou, soube que era ali que queria viver os próximos anos de sua vida. A partir do momento que a ideia surgiu, Gabriela não conseguiu mais pensar em outra coisa. A sensação era de estar se afogando em um desejo que precisava de espaço para ser ouvido e realizado. Para dar contorno ao novo sonho, ela tomou uma decisão: 2024 seria o ano limite para fazê-lo acontecer.

O que Gabriela não contava, porém, é que a vida também daria uma forcinha. Em maio daquele ano, a empresa em que trabalhava há mais de dez anos a demitiu. Os planos até então incluíam pedir demissão, mas as contingências se encaminharam de um jeito melhor ainda. Mas o curso do destino não parou por aí. Um mês depois do desligamento, uma agência de emprego, com quem Gabriela já vinha conversando, entrou em contato sobre uma vaga em São Paulo. "Era o que eu queria e precisava." O que aconteceu depois, deixo ela mesma contar: "O que me vi dizendo a essa mulher da agência foi: eu só poderei ir em julho, no final de julho, porque eu tenho que deixar algumas coisas resolvidas. E talvez eu só possa em agosto..."

Finalmente ela tinha encontrado as condições perfeitas para realizar o próprio sonho, mas, em vez de ir ao encontro da oportunidade, ela passou a agir contra o que sempre sonhou. Enquanto encontrava empecilhos para não aceitar a vaga, ela questionava o próprio comportamento. "Por que não estou abraçando a possível resolução desses dois anos de ansiedade diária? Todos já aceitaram a possibilidade de eu ir, por que estou colocando o pé no freio?"

Ao mergulhar fundo nas próprias emoções e nos sentimentos, Gabriela encontrou o seu verdadeiro medo:

E se eu for e perceber que a grama é mais verde lá? E se eu conseguir criar lá uma estrutura de vida? E se eu me apaixonar ou alguém se apaixonar por mim? E se eu gostar de viver uma vida tendo apenas a mim mesma como foco principal? E se minha vida ficar muito diferente — para melhor — do que a da minha família aqui? Eu não saberia lidar com isso...

Tenho dentro de mim uma certeza de que vai dar muito certo, mas não sei se quero que dê. Estou tão acostumada a estar onde estou, a ser quem sou, que não sei se devo dar espaço para essa outra possibilidade. Nem sei se é medo de dar certo ou medo de assumir que eu quero que dê certo. Seria a primeira vez que viveria algo sobre mim e para mim. Todas as minhas vivências até o momento foram em pareamento com a necessidade dos outros. Nem sei como viver algo só meu. E tenho até vergonha de querer algo assim. De ser diferente dos meus.

Essa situação fez com que Gabriela percebesse que não era a primeira vez que ela sofria com o medo de as coisas darem certo, conforme relata a seguir:

Lembrei que quando fui a São Paulo — nessa viagem que me despertou a vontade de viver uma vida lá —, eu tinha marcado com um carinha que converso há seis anos na internet. Tínhamos combinado de nos encontrarmos.

Seria um encontro pela manhã, numa padaria, tudo bem seguro. Acordei cedo naquele dia, mas fingi que não. Vi as mensagens dele e não tive coragem de responder. Medo completo do encontro. Daí, umas duas horas depois, falei que estava acordando naquela hora. Lamento até hoje essa minha falta de coragem. Teria sido um encontro muito bom por ser tantas vezes desejado.

O medo do desconhecido

A história de Gabriela me fez lembrar uma pergunta que a minha terapeuta me fez uma vez. Eu queria saber se o medo de dar certo tinha a ver com o medo do desconhecido, e ela me respondeu com outra pergunta: "Mas qual desconhecido?". Fiquei pensando a respeito durante horas. Porque, de fato, existem pelo menos dois grandes desconhecidos que costumam gerar medo: o de fora, do qual ainda falaremos mais, e o de dentro.

Na história de Gabriela dá para entender melhor isso. Quando ela se imagina morando em outra cidade, há algo dentro dela que pondera: "E se nessa nova cidade eu me transformar em outra pessoa, como será essa nova versão? Vou me orgulhar dela? E se quem eu me tornar prejudicar a minha relação com a minha família? Será que mudar de cidade vai fazer com que eu olhe para minha vida em Minas Gerais de um jeito menos encantado? E, se isso acontecer, será que a relação com os meus pais vai mudar?". O "desconhecido de dentro" faz com que nos perguntemos: "Qual característica tenebrosa minha o sucesso pode trazer à tona?".

O meu desconhecido

Até os 28 anos eu não consumia bebidas alcoólicas. Certa vez, durante uma das raras vezes em que acompanhei o pessoal da faculdade até o bar, cheguei a experimentar um gole de cerveja, mas achei tão amargo que nunca mais considerei. Passei os quatro anos da faculdade — época em que muita gente entra nesse mundo — sem experimentar qualquer bebida alcoólica de novo.

Nasci em uma família que era conhecida como "família saúde". Recebemos esse apelido porque meus pais, meus irmãos e eu tínhamos em comum o hábito de praticar exercícios físicos. Era comum nos ver andando pelo condomínio com roupa de academia em uma segunda-feira às sete da noite. Ou em um sábado, às dez da manhã.

O interesse pelos esportes também se manifestava dentro de casa. Depois do almoço de domingo, por exemplo, meu pai sempre gostava de assistir a programas que traziam atletas para conversar.

Meu pai foi maratonista quando jovem. Então, nesses momentos ele via não só os próprios valores, mas também pessoas que ele admirava compartilhando deles. Da minha parte, eu achava isso muito bonito. Muitas vezes, amar alguém é querer ser um pouco como quem amamos. E eu cresci abraçando os valores do meu pai.

Até que, um dia, saí com a minha irmã. Fomos a um barzinho perto de casa. Ela pediu uma cerveja mexicana e eu pedi um suco, como de costume. Mas, na hora que a cerveja dela chegou, fiquei com vontade de experimentar. O primeiro gole bateu diferente. Talvez porque tivesse uma rodela de limão, talvez porque não fosse a cerveja extremamente barata da época da faculdade, talvez porque estivesse muito gelada. O que importa é que gostei e essa constatação rachou uma certeza que eu tinha sobre mim.

Comecei a achar que, ao contrário do que sempre acreditei, talvez eu pudesse gostar de cerveja. Mais do que isso: talvez eu quisesse beber cerveja. E isso fez com que a minha identidade entrasse em colapso. Cheguei à terapia falando disso. Como eu, que sempre disse que não gostava de bebida alcoólica, agora me via gostando?

Precisei entender que o fato de ter gostado de cerveja parecia ameaçar uma identidade que me dava reconhecimentos importantes. Uma identidade da qual eu não queria abrir mão, justamente por me dar essa validação. Eu adorava quando o vizinho me apontava, dizendo: "Família saúde". Ou quando me falavam que eu tinha resistência física. Como ficaria isso se eu ampliasse minha identidade para alguém que gosta de cerveja?

Quando consegui superar essa barreira mais superficial, me dei conta de outra, muito mais resistente e mais insistente. Eu morria de medo de começar a beber e virar alcoolista. Na terapia, fazia perguntas nesse sentido: "Mas e se eu não souber parar? E se eu começar a gostar muito e perder a mão? E se eu desistir do meu trabalho porque só quero beber?". Eu me imaginava constantemente deitada no meio-fio com um cachorro lambendo minha boca, sendo resgatada pela minha família. Não tinha nenhum caso assim perto, mas era tudo que eu conseguia pensar. (Pode rir, eu deixo.)

Hoje dou risada desses pensamentos, mas na época era um assunto muito sério. Novamente era o medo do desconhecido em mim. Esse medo que diz: "O que será que você é capaz de fazer, caso beba um gole dessa cerveja? Caso aceite este convite profissional? Caso diga 'sim' para essa mudança? Caso eu passe no concurso público e comece a ganhar mais? Será que vou me corromper, me perder, virar alguém que eu não admiro?". Então, muitas vezes para não se perder, escolhemos nem ir.

Nessas horas, vale o lembrete do poeta Sérgio Vaz: "Se você faz tudo sempre igual é seguro que nunca se perca, mas é possível que nunca se ache.". Uma hora, é preciso confiar que a vida se reorganiza no movimento.

Tenho que me superar

Uma amiga psicóloga, Camila Tuchlinski, me trouxe uma perspectiva interessante sobre o medo de dar certo. Ela disse que ele é uma resposta a uma ameaça. "E, nesse sentido, parece irônico, porque, se deu certo, não é uma ameaça. Mas a pergunta que ele traz é: como sustentar o sucesso em longo prazo?"

Camila usou o exemplo de bandas e cantores conhecidos por um único sucesso. Ao observar o comportamento desses artistas, ela vê como muitos deles têm um medo enorme de lançar um segundo *single*, por causa da cobrança, tanto interna quanto externa, de que o próximo trabalho seja tão bom ou melhor do que o primeiro.

Aliás, nesse sentido, muitas pessoas nem chegam a lançar seu primeiro *single* — não porque não acreditam nele, mas porque acreditam muito. É o medo de chegar lá e sofrer a pressão de ter que fazer algo ainda melhor em seguida. O medo de conquistar traz a insegurança de: "Será que vou conseguir sustentar esse lugar?". O interessante é perceber que nem sempre essa desistência é evidente. Camila me exemplificou maneiras de como isso pode acontecer. É o caso de alguém que — depois de muitos anos tentando — está finalmente sendo reconhecido pelo público por causa do trabalho que faz como músico.

As pessoas pedem autógrafo, fotos, elogiam as composições, mas também perguntam quando vem música nova. O que parece ser um questionamento inofensivo, saudável e de reconhecimento, por acontecer repetidamente, vai criando uma expectativa, que esse músico teme não conseguir corresponder.

Então, ele começa a ser invadido por um súbito desinteresse de sair de casa. A arte que sempre amou praticar parece ter perdido o sentido. Em alguns casos, a pessoa fica doente ou parece estar vivendo um estado de preguiça que toma conta de tudo. São sinais, segundo ela, de que o corpo está submetido a um estresse, causado por uma situação que a pessoa não está conseguindo resolver.

Sucesso e fracasso como identidades irreais

Certa vez, durante uma festa, conheci uma influenciadora digital. Ela era uma nativa digital, ou seja, cresceu com um smartphone em uma mão e uma iluminação boa para selfie na outra. Entre uma cerveja e outra, ela me contou que não conseguia dormir havia três dias. Sua terapia, anteriormente semanal, agora já estava rolando em dobro. Em parte envergonhada, em parte incomodada, a influenciadora me contou o motivo da insônia: depois de muito custo, ela tinha atingido a marca de 1 milhão de seguidores. Um dia, ao acordar, o número tinha caído para 999 mil. Ela não tinha feito nada diferente, nada extraordinário, e isso a deixava ainda mais angustiada porque, ao não saber o que tinha feito, ela não podia consertar.

A angústia mais profunda não tinha a ver com a rede social, mas com a sensação de que perder seguidor era equivalente a ter seu valor diminuído. E desde então, penso que essa história é um retrato da forma com que muitos de nós olhamos o sucesso: como uma identidade. *Algo que nos faz ser alguém e que, ao perdermos, nos torna ninguém.*

Para perceber como isso está enraizado, basta olharmos para a forma com que nos referimos a alguém que julgamos ter boas conquistas. Dizemos: "Olha aí uma pessoa de sucesso" ou "essa pessoa que é bem-sucedida". Tratamos o sucesso como algo que você é — ou não é — e não como uma característica. E uma vez que essa identidade é definida, você precisa fazer de tudo para não perder porque, do contrário, o que sobra?

É como se o sucesso fosse uma escalada. Você leva uma vida para subir, mas, ao chegar lá, é preciso permanecer, custe o que custar. Acontece que se você olhar para sua vida, você vai perceber que o sucesso e o fracasso parecem mais com uma estrada cheia de curva, de sobe e desce constantes, do que com o cume de uma montanha. Nem o sucesso, nem o fracasso são uma identidade, porque eles não são estados fixos. As coisas vão dar errado e certo algumas vezes para você, a depender da época, do lugar, do que era esperado, das ferramentas que você tinha e de várias outras coisas que não estão sob o seu controle e nem são sobre você. E, lembrar disso, impulsiona as coragens que precisam ser tomadas.

Digo isso e me volta a memória a vez que fui convidada para apresentar um texto meu em um evento. Eu nunca tinha feito aquilo antes, mas topei, porque estava determinada a mostrar o que eu escrevia e essa era uma oportunidade de fazer isso.

Quando o dia do evento chegou, fazia sol. Todo o público estava com um copo de cerveja na mão, espalhado pela parte externa do bar, conversando descontraidamente. Já perto do fim da tarde, um dos organizadores me chamou para dizer que tinha chegado a hora de subir no deck, lugar que eles tinham imaginado para eu fazer a minha "fala". Com as costas suando de nervoso, me aproximei o máximo que pude da beirada do chão de madeira e comecei a falar o texto que eu tinha decorado.

Havia mais ou menos trinta pessoas ali. Mas só três pessoas prestaram atenção na minha apresentação. Uma amiga e outras duas pessoas que ela tinha levado. Ao passo que os minutos passavam, me sentia mais exposta e pequena. Desci do "palco" com vontade de me esconder, querendo apagar da memória aquele momento. Se desse, voltaria para o meu quarto e só sairia de lá depois de sete anos e uma amnésia coletiva.

Vergonha, culpa e inadequação se sobrepuseram no meu corpo por alguns dias. Por vezes, esquecia o que tinha acontecido, mas aí encontrava o calhamaço de folhas sulfite que tinha levado no dia do evento. Eram várias cópias do meu texto, que eu havia imprimido, achando que as pessoas amariam ter uma versão só para si — depois de me ouvir. E, agora, juntavam pó em um dos cantos da casa.

Se o fracasso fosse uma identidade, essa seria toda a história. Mas semanas depois fui fazer uma viagem para um hotel com cara de retiro espiritual. Um lugar para recarregar as energias, tomar sol, almoçar com verduras tiradas da horta, meditar. Acabei colocando os textos na mala, porque lembrei de uma cesta de revistas que tinha na recepção em que as pessoas deixavam folhetos, livros, revistas, manuais dos mais variados. Como o sinal de celular ficava restrito a um dos ambientes, todo mundo tinha muito tempo para ler.

Coloquei ali as folhas, querendo só evitar de jogar as cinquenta cópias no lixo e fui viver. Mas para minha surpresa, no dia seguinte, várias pessoas me pararam, cada uma delas dizendo uma variação da frase: "Estou profundamente emocionada pelo seu texto". Uma senhora de meia idade chegou a perguntar se eu tinha outras cópias, porque as da cesta tinham acabado, e ela queria levar para os alunos da escola em que trabalhava.

MEDO DE DAR CERTO

Meses depois, esse texto virou música na voz da cantora e compositora, Marissol Mwaba — artista que admiro muito. Eu havia ido a um evento promovido pelo Sesc e, na primeira vez que a vi, comentei que escrevia. Ela pediu para enviar alguns textos e, meses depois, me mandou a música. É possível ouvir, jogando no YouTube: "tu inteira nunca é só", que é também o nome do texto que escrevi.

Essas três experiências me fizeram viver e ver o sucesso e o fracasso como eles são: lugares de passagem, experiências. Um mesmo texto, visto por pessoas diferentes, me fez experimentar sentimentos e emoções opostas. Isso só é possível, porque nem o fracasso, nem o sucesso são algo fixo.

Há quem diga que o sucesso é reflexo das nossas escolhas, mas eu discordo. "Reflexo" traz uma ideia de que o retorno é algo que corresponde em exatidão ao que foi oferecido, dado, entregue. Mas não é sempre assim que acontece. Por vezes você vai trabalhar duro e o retorno pode vir a ser uma resposta que não era exatamente a que você esperava. Ao desassociarmos a nossa identidade do peso do sucesso e do fracasso, conseguimos olhar para eles como exatamente são: uma resposta nem sempre exata. Pode dar certo, pode dar errado, mas eu e você continuamos sendo quem somos.

Vou ter que administrar esse dinheiro, melhor me livrar dele

Assim que comecei a trabalhar, meus pais me orientaram a guardar parte do dinheiro que eu ganhava. Eu era adolescente, morava com eles e não tinha custos fixos, então não era algo difícil de fazer. Parte do que recebia como monitora de festas infantis, eu gastava em doces. A outra, reservava.

Minha primeira poupança foi uma garrafa pet que eu deixava dentro do armário e, de tempos em tempos, tirava de lá para contar tudo o que tinha economizado. Espalhava todas as moedas e notas em cima da cama dos meus pais e ia agrupando tudo em montinhos.

A princípio, a situação me trazia satisfação. Mas, logo depois, eu era tomada por um súbito desinteresse que desembocava em um desejo de me livrar daquele dinheiro. Assim que meus pais entravam no quarto, essa era a primeira pergunta que eu fazia a eles: "Querem cinco reais?". Eles sempre agradeciam, recusando a oferta, mas eu insistia — "nem três reais?" —, na tentativa de mudar a resposta. A verdade é que eu não conseguia me conectar com o dinheiro nem com as facilidades que ele poderia me dar.

Na vida adulta, a garrafa pet virou minha conta bancária. Por vezes, tracei determinado objetivo financeiro e, ao ver que estava perto de realizar, transformei o que eu tinha guardado em compras supérfluas. Inventei gastos desnecessários e antecipei pagamentos, que poderiam ter esperado um pouco mais. Era só perceber que o dinheiro tinha ganhado um pouco mais de corpo na conta que eu tentava me livrar dele.

A ideia de ter dinheiro "sobrando" me causava ansiedade. E eu sentia que tinha de encaminhar aquilo de algum jeito. Gastar, doar, arranjar um boleto, fazer dívida. Me livrar o mais rápido possível. Tentando entender a minha angústia financeira, descobri que tendemos a manter na vida aquilo que nos sentimos aptos e preparados para lidar. E eu não me sentia confortável para ter uma relação com o dinheiro que não fosse apertada.

Quando entrei na faculdade, trabalhava em dois empregos para pagar a mensalidade de setecentos reais. De segunda a sexta, atendia os clientes que iam reclamar da empresa de telefonia para a qual eu trabalhava e, aos fins de semana, fazia plantões na central de pedidos em uma esfiharia. O dinheiro que eu ganhava nos dois empregos pagava à risca o boleto da faculdade. Quando sobrava, não era mais do que quinze reais.

Passei alguns anos assim, em outros empregos cujos salários pagavam apenas as contas, até que consegui um trabalho como produtora em uma emissora de televisão e meu salário deu um salto. Eu me vi com dinheiro suficiente para pagar as contas e uma boa sobra para gastar em outras coisas. O que deveria ser um alívio, na verdade, trouxe angústia. Comecei a ser invadida por pensamentos distorcidos.

Surgia em minha mente, como assombração, a imagem de pessoas com quem eu já tinha convivido. A que mais me atormentava era uma pessoa que morava no meu bairro. Ela tinha três carros grandes, um apartamento espaçoso e usava roupas de grife. Coisas que eram fáceis de serem lidas como "coisa de rico". Ao que parecia, na cabeça dela, o fato de ter condições financeiras confortáveis lhe dava autorização para fazer absurdos, desde tratar mal os vizinhos do bairro até quebrar todos os tipos de regra que existiam ali.

A figura dela me fazia sentir coisas contraditórias. Ao mesmo tempo que eu sonhava em ter tudo que ela tinha acesso, sabia que ela só agia como agia porque tinha esses acessos. Possuir coisas, em uma sociedade movida pelo dinheiro, é uma forma de ter poder. E aí que está: ela usava da pior forma possível esse poder.

As pessoas eram extremamente educadas com ela, mesmo quando ela não era. Uma reação que, hoje entendo, tinha mais a ver com medo do que com respeito. Ainda que de maneira inconsciente, isso gerou na minha cabeça uma distinção rígida: o dinheiro corrompe as pessoas. Não demorou para eu começar a associar certo conforto financeiro a ter um caráter duvidoso. Era como se quanto mais dinheiro sobrava na minha conta, mais eu me tornava uma pessoa ruim.

E eu tentava compensar isso de todos os jeitos, seja oferecendo dinheiro por qualquer gesto de gentileza de amigos e familiares, seja tratando com desdém qualquer remuneração justa para algum trabalho que eu tenha feito, seja olhando com desconfiança quem tinha uma vida financeira estável.

Uma dessas hipercompensações aconteceu quando planejava a mudança para a casa em que moro hoje. Ao me deparar com a quantidade de coisas que eu precisava pensar e fazer, minha namorada se ofereceu para me ajudar. Aceitei dizendo que, uma vez que nós terminássemos as tarefas, ela poderia me dizer quanto ficaria o serviço. Ela, claro, ficou ofendida. Em contrapartida, a reação dela me assustou, porque achei justo oferecer dinheiro em troca de ajuda.

Levei a situação para a terapia e, durante a sessão, me dei conta de que tive aquela atitude porque, inconscientemente, eu considerava aproveitadoras as pessoas que tinham dinheiro. Oferecer pagamento era uma tentativa de me defender dessa ideia, mesmo que nada parecido tivesse passado pela cabeça da minha namorada.

Por muito tempo, a imagem de uma pessoa boa para mim estava sempre atrelada a alguém com pouco ou nenhum dinheiro. E, se era assim, era evidente que isso interferia na minha forma de lidar com os meus gastos e ganhos também. Foi um trabalho intenso e difícil de terapia para entender que há pessoas boas e más dos dois lados. E que a falta ou abundância de dinheiro não me colocaria, automaticamente, em nenhum deles. Um processo de elaboração intenso para aceitar que não ter dinheiro não me faz benevolente e que ser rica não me faz má.

5

A culpa gerada pelo sucesso

Marília cresceu em uma família de cinco irmãos. O pai era motorista de táxi; a mãe dona de casa. Ela era a filha do meio e, desde bem nova, sempre foi uma boa aluna. Quando entrou no ensino médio, conciliava os estudos à noite com o trabalho de vendedora. A renda era suficiente para auxiliar nas contas de casa e custear um desejo ou outro. E continuou sendo assim pelos dois primeiros anos de sua vida universitária, até que conseguiu uma vaga de estágio em um pequeno laboratório de medicamentos manipulados.

Dedicada, conquistou o respeito da chefe direta e, ao longo do tempo, foi promovida três vezes. Primeiro como assistente, depois como analista e, por fim, como coordenadora. Junto a essa última oportunidade, veio a pandemia de covid-19. O trabalho, que antes tinha uma carga horária de oito horas, se transformou em jornadas de dez a doze horas, seis dias por semana.

Descontando o trajeto de ida e volta da empresa, Marília tinha pouco mais de quatro horas diárias para dormir. Com a pandemia se agravando e os funcionários cada vez mais indispensáveis, o RH da empresa disponibilizou diárias de hotéis para alguns colaboradores que trabalhavam a mais de vinte quilômetros de distância do laboratório. Marília era uma delas.

A notícia foi recebida com felicidade. Não precisaria pegar as três conduções para ir e as três para voltar e, por causa disso, teria mais horas de descanso. Mas a alegria durou pouco. Na primeira noite no hotel, uma culpa avassaladora surgiu. Marília sentia que não era justo dormir em uma cama confortável, a poucos metros da empresa, quando tantas pessoas faziam o trajeto de ida e de volta de seus empregos.

Tentava dormir, mas os amigos de infância não saíam da cabeça dela. Com eles, Marília sempre desabafava sobre a demora e a superlotação de cada meio de transporte dos quais todos dependiam. Ter um grupo com quem podia contar para reclamar e desabafar era um conforto em meio ao caos. A cada dificuldade que passavam juntos, mais forte ficava a comunhão. Mas, agora, o hotel soava como uma vantagem da qual só ela tinha tido acesso e isso trazia dor. "Me sentia uma traidora. Como se tivéssemos fazendo uma corrida juntos e, em algum momento, eu tivesse deixado todos eles para trás."

O conflito interno durou uma semana, até que ela foi ao RH da empresa e pediu para que as reservas fossem canceladas. Para convencê-los, inventou que preferia ir e voltar, porque ajudava a mãe em casa com os afazeres domésticos e isso só era possível durante a permanência em casa. Aceitaram o pedido e Marília voltou à rotina anterior. O acúmulo da carga horária, da intensidade do trabalho e do trajeto impactaram tanto sua saúde mental quanto o rendimento no trabalho.

Um dia, a caminho do laboratório, ela se esqueceu para onde estava indo. Quando recobrou a memória, minutos depois, entendeu que precisava de ajuda. Na terapia, tratando o esgotamento físico e mental, contou a história do hotel. Disse que renunciou às hospedagens porque se sentia culpada por ter acesso a um conforto que outras pessoas com quem convivia não tinham.

A terapeuta estava interessada em entender mais sobre essa culpa. Em uma das sessões, insistiu: "Mas culpa de quê?". Foi quando Marília lembrou das palavras usadas pela mulher do RH para comunicar a hospedagem: "Você fez por merecer". Naquele momento, o que era bom, virou uma ameaça. Para Marília, aceitar avançar era assumir para si e para os outros que ela havia merecido aquele conforto. Mas isso levava a outro pensamento, que a deixava angustiada e em conflito: *Se eu mereci, então quer dizer que os meus amigos não fizeram o bastante, por isso não tiveram o mesmo resultado?*

Ela sabia que eles mereciam também. Marília convivia e acompanhava o processo deles desde sempre, e sabia que, assim como ela, eles trabalhavam duro. Sentia-se compactuando com uma lógica injusta. Para se livrar da angústia, se pegou por várias vezes desejando ser demitida.

A terapia ajudou Marília a entender que, em um sistema desigual, as oportunidades não são as mesmas para todas as pessoas e não funcionam em uma dinâmica de causa e consequência: há quem trabalhe duro a vida toda e não receba reconhecimento ou conforto. O que mudou foi entender que essa dívida social não era dela. Renunciar ao emprego dos sonhos não faria com que as pessoas próximas tivessem a mesma oportunidade. Renunciar à própria conquista não compensaria ou resolveria um sistema desigual. Mas, ao seguir avançando na carreira, poderia ajudar essas pessoas — fosse com indicações, apoio, contratações...

Hoje, Marília usa o conhecimento a que teve acesso no laboratório para dar aula em um curso de pré-vestibular focado para jovens periféricos da zona leste de São Paulo, onde nasceu, e virou uma referência para eles.

Uma história que não é só nossa

Eu estava na sala da casa do meu pai, quando minha atenção foi capturada por uma conversa na outra ponta do sofá. Uma amiga muito querida da família, convidada para o almoço, contava sobre o afilhado, Pedro. Aos quinze anos, ele estava vivendo o que a gente chamaria de um "sonho adolescente". Entrou em um time de basquete francês e era visto como a revelação da categoria. Tudo corria bem, até que seu desempenho em quadra, estranhamente, começou a mudar. Sempre que estava perto de fazer a cesta, deixava a bola cair, tropeçava nos próprios pés ou acidentalmente passava a bola para o jogador adversário. Quem olhasse de fora veria um menino desengonçado, sem prática ou talento. Alguém que deveria ser colocado no primeiro avião com destino para casa. Mas o treinador, Hugo, tinha experiência e sabia que aquele não era o caso.

Certo dia, depois do treino, Hugo guardou o apito no bolso e pediu que Pedro o encontrasse no jardim do alojamento. A conversa durou quase uma hora e tratou, em sua maioria, de amenidades, mas, ao se despedir, Hugo perguntou, despretensiosamente, o que Pedro achava de seus colegas de time, com quem sempre jogava contra nos treinos. Foi quando Pedro assumiu: "Gosto muito e acho horrível jogar contra eles, me sinto culpado ao ganhar".

O próprio Hugo ligou para a família do garoto, em caráter de sigilo. Explicou como Pedro estava sabotando o próprio desempenho. A ideia era traçar uma estratégia para ajudá-lo, antes que fosse tarde. A situação havia piorado desde a premiação, em que Pedro ganhou o título de melhor do ano. Desde então, agilidade e visão, que eram suas características, começaram a falhar em vários movimentos aparentemente acidentais. O que chamou a atenção de Hugo não foram apenas os deslizes, mas como esses descuidos pareciam ser sempre muito amadores e propositais. Parecia que Pedro queria comunicar *algo* com aqueles erros.

A família se mobilizou para tentar ajudar. Até que, semanas mais tarde, durante uma ligação para a mãe, ele conseguiu romper a película de vergonha e assumiu o que estava acontecendo, mesmo sem entender exatamente o porquê aquilo acontecia. Toda vez que chegava perto de realizar um grande feito nas quadras, ele era invadido por uma dor avassaladora. Era como se no momento de saltar e fazer a bola passar pelo aro, sua voz interna dissesse que, ao ser bom, Pedro estava sendo ruim com os colegas. Ao ser bom, as conquistas não se referiam mais ao fato de ele ser bom, e, sim, passavam a ser sobre os colegas não serem tão bons quanto ele. Como se as conquistas dele denunciassem a falta de conquista dos outros. Como se o talento dele denunciasse a falta de talento dos pares. Então, ele perdia de propósito.

Ouvir a história de Pedro me doeu nos ossos, pois era uma história conhecida por mim. Conheci muitos *Pedros* enquanto escrevia este livro. Eles estavam em áreas e, às vezes, até em esportes diferentes, mas o final era o mesmo: falhar intencionalmente para se livrar do lugar de destaque. A diferença é que ali havia um profissional atento, que já tinha testemunhado outros atletas jogando a carreira fora por medo de dar certo.

Junto à família, Hugo traçou um plano cuidadoso de amparo. Sabia que não adiantava dizer que o medo não fazia sentido, porque, na experiência de Pedro, fazia. Outras pessoas próximas se envolveram na missão de ajudar e entenderam, junto

> Muitas pessoas passam a vida sem conseguir entender o que acontece com elas. Sem ser capaz de dar um nome para esse comportamento que, em alguns casos, faz com que elas fujam dos próprios sonhos.

a ele, quais associações negativas ele fazia em relação ao sucesso. Quais foram os exemplos familiares que ele absorveu e que culminaram nessa crença? Quais memórias o fizeram olhar para a realidade dessa forma? Ele tinha presenciado alguma situação que o fez acreditar que se destacar era igual a desamor ou abandono? Sem ressignificar o pensamento, Pedro continuaria jogando a bola para fora das quatro linhas.

Na última vez que encontrei essa amiga da família, ela me contou que Pedro caminha para um final feliz. Uma sorte. Porque o medo do sucesso é difícil de ser identificado. Caso Pedro não tivesse um treinador capaz de ler a situação, provavelmente, nesse momento, estaria chegando com três malas no aeroporto, dizendo que a habilidade que tinha com o basquete, na verdade, havia sido um engano.

Ao longo da vida, em outra profissão, depois de perder novamente a chance de ser promovido e alcançar um lugar de destaque, Pedro talvez descobrisse a razão do seu insucesso, talvez não. Muitas pessoas passam a vida sem conseguir entender o que acontece com elas. Sem ser capaz de dar um nome para esse comportamento que, em alguns casos, faz com que elas fujam dos próprios sonhos.

6

A ponta do iceberg: comportamentos que não parecem, mas são sintomas do medo de dar certo

Tenho a sensação de que, se conseguíssemos construir um espaço seguro para deixar fluir os sentimentos, talvez fosse mais fácil entendê-los. Eu me refiro a um espaço seguro, um lugar em que você pode sentir realmente o que sente, sem julgamentos, fugas ou tentativas de se livrar das emoções o mais rápido possível. Em geral, somos tomados por uma sensação e, antes mesmo de abrir espaço e entender de onde vem, já começamos a julgar. Falamos coisas para nós mesmos, como: "Não deveria sentir essa tristeza", "não deveria estar com raiva", "mas por que estou angustiado, se está tudo bem?". O julgamento é uma espécie de porteiro das emoções. É ele quem quer decidir quem pode ficar e por quanto tempo. Esquecemos que, em um corpo vivo, todos os sentimentos e todas as emoções têm morada garantida.

Por causa do julgamento, não conseguimos entender ao certo o que estamos sentindo. Não conseguimos nos perguntar com curiosidade: *mas esse sentimento está a serviço de quê? Estou com medo de que exatamente?* Apenas tentamos colocar tudo para fora. Queremos manter distância. É nesse solo que o medo de dar certo triunfa. Se não sabemos a serviço do que nosso medo está, também não encontramos uma forma de lidar com ele.

O medo de dar certo protege nossa zona de acomodação

Há alguns anos, um dos professores que tive na pós-graduação fez uma reflexão que me tocou muito. Ele dizia que tudo que a gente faz na vida é para ficarmos confortáveis. Se pagamos contas ou não pagamos, se trabalhamos muito ou pouco, se levamos o carro na oficina ou vendemos esse mesmo carro, se mudamos de emprego ou ficamos naquela posição por anos... Tudo o que fazemos, no fundo, é para nos sentirmos confortáveis. Confortáveis com os nossos valores, com o nosso ambiente, com a nossa rotina, com a nossa família, com o nosso chefe, com o nosso desejo.

Por isso, ele dizia que não fazia sentido convencer as pessoas a saírem da zona de conforto, porque tudo o que fazemos é para entrar nela. E deveríamos estar em paz com isso. O oposto da zona de conforto, contudo, é a zona de acomodação. Um lugar que pode ser físico ou mental, que não lhe faz bem, mas que você também não consegue sair, por, entre outras coisas, preguiça, ansiedade ou medo. A acomodação é como morar em uma casa grande, onde você pode circular por todos os cômodos, mas se vê preso ao quarto abafado e pequeno — dia após dia — porque se acostumou a olhar para as paredes e para os móveis, que estão do mesmo jeito há anos.

Olhando para a minha própria experiência e ouvindo as histórias de outras pessoas, percebi que, muitas vezes, o nosso medo das coisas darem certo esconde, na verdade, um medo de sair da zona de acomodação. Um medo de ter de lidar com a mudança e com toda a "desacomodação" que ela traz. Um dos relatos que recebi para compor este livro ilustra bem como isso pode acontecer:

Em 2024, fiz uma prova de concurso na minha área de formação. A prova estava até que fácil, o salário seria bom, respondi às perguntas rapidamente e sem titubear. Mas na hora de passar para o gabarito oficial à caneta, eu ia revisando cada uma para dar aquela checada final. Nesse momento, uma voz na minha mente dizia, a cada pergunta: "Erre algumas! Se você passar, terá que sair da zona de acomodação".

Parei por uns cinco minutos para confrontar minha mente e focar para escrever da maneira correta. Mas a voz insistia: "Troque essas aqui! Você sabe que estão certas, mas, se passar, pode ter que mudar muito a sua rotina!".

No fim, consegui resistir aos pensamentos intrusivos e não mudei as respostas. Achei que seria uma desonestidade comigo mesmo, porque estudei e me preparei para aquela prova. Apenas fechei os olhos e pensei: "Se for da vontade de Deus, vou passar. O que acontecer depois, o tempo dirá; mas agora vou fazer o meu melhor". No fim, não mudei nenhuma resposta e fiquei em vigésimo lugar. Acho que, se tudo der certo, posso ser chamado no futuro!

Passar em um concurso não significa levantar-se de uma cadeira e se sentar em outra. Ou pegar um crachá e trocar por outro. Quando mudamos de emprego, mudamos a hora de acordar e de sair de casa, trocamos os ônibus e trajetos que pegamos até a empresa. Precisamos conhecer outros colegas de trabalho e entender como funcionam nossos chefes. E isso mexe na energia que temos para fazer as coisas que amamos fazer, como praticar atividade física, encontrar os nossos amigos, assistir à série preferida e sair de casa para comer pizza aos domingos. Dar certo significa, muitas vezes, ficar desconfortável por um tempo e é desse desconforto que nos defendemos.

Por menor que seja a mudança, ela vai impactar todas as outras áreas de nossa vida. Inclusive aquelas áreas que você gosta do jeito que estão. Essa é a ameaça que o sucesso das coisas traz e que é vivida nessa história que acabei de contar. Quando se percebe gabaritando a prova, ele pensa: "erra, porque se passar, pode ter que mudar muito a sua rotina". Por vezes, podemos passar anos querendo mudar de vida, passar no concurso, estourar com um projeto, encontrar o amor da vida, e, ao mesmo tempo, adiar esse acontecimento para não ter que desorganizar, o que está, há muito tempo, no mesmo lugar. Mudar pressupõe abrir espaço e se deixar desorganizar internamente um pouco.

Somos ingênuos, muitas vezes, em pensar que as coisas boas só são boas. E que as ruins, são só ruins. Coisas boas, muitas vezes, são ruins e boas ao mesmo tempo. Para mim, o melhor exemplo disso são as mudanças de emprego. Você passa os últimos anos querendo um desafio novo. Sabe que seu ciclo na empresa atual acabou, porque desafio e inspiração são inexistentes para você há tempos. Certo dia, seu telefone toca. Viram seu currículo no LinkedIn e lhe fazem uma proposta. É tudo o que você queria. Mas, na hora de colocar suas coisas em caixas e esvaziar sua área de trabalho na empresa, duas forças que parecem antagônicas tomam conta de você: dúvida e desejo. Dúvida de sair do lugar seguro e desejo pelo novo.

> Enquanto nos abrimos para o novo, uma parte de nós se ressente, reclama, contesta, chantageia, cria cenários horríveis, tem medo. Conhecer esse lado e entender que ele sempre vai tentar nos parar, talvez nos ajude a colocar atenção nos lugares certos.

Algo dentro de você acha que é errado sentir dúvida. *Não era exatamente o que eu queria?* Diante da dúvida, você pensa: *Talvez eu não deveria estar saindo.* E, sim, é possível que possamos mudar de ideia, porque, quando algo se concretiza, nos damos conta de aspectos da realidade, que não eram percebidos antes. Mas, em muitos casos, é só medo por estarmos tensionando um lado nosso que quer que as coisas fiquem iguais para sempre.

MEDO DE DAR CERTO

Enquanto nos abrimos para o novo, uma parte de nós se ressente, reclama, contesta, chantageia, cria cenários horríveis, tem medo. Conhecer esse lado e entender que ele sempre vai tentar nos parar, talvez nos ajude a colocar atenção nos lugares certos. No caminho que precisa ser feito.

Saber que o medo das coisas darem certo protege a nossa zona de acomodação é importante porque ajuda a nos prepararmos não só para o que é bom, mas para o que é incômodo fora e dentro de nós também.

Contudo, por vezes, o incômodo não está nítido. Nesses casos, vale se perguntar: *se der certo, o que imagino que terei de fazer?* No caso do rapaz do relato, a mudança de rotina era o que mais o assustava. Era disso que ele estava se defendendo. É quando vem as perguntas: *o que acontecerá caso eu passe no concurso? Não vou ter mais tempo de ir à academia? Não terei energia mental para ver os amigos por um tempo?* Identificar quais desconfortos nos impedem de dizer "sim" para os nossos sonhos, faz com que nos preparemos para eles.

Talvez seja medo de dar certo

Assim como aconteceu comigo, há pessoas que demoram anos para perceber que sofrem com o medo de dar certo, e isso ocorre por um motivo: é fácil confundi-lo com outras coisas.

Por exemplo: uma pessoa que perde o prazo de um edital porque não conseguiu parar de editar o projeto, pode facilmente ser resumida a alguém muito detalhista. Um jovem que decide participar de um jogo de várzea na semana que vai participar de um teste para o time dos sonhos, mesmo sabendo das chances de se machucar na partida amadora, pode ser apenas visto como inconsequente. Alguém que se propõe a ajudar um vizinho na mudança, mesmo sabendo que vai se atrasar para um encontro romântico muito desejado, pode ser visto como altruísta. Uma pessoa que bebe todas na festa da firma na semana em que descobriu que seria promovida pode ser vista só como descuidada.

Pode ser difícil reconhecer o medo de dar certo porque é fácil chamá-lo de qualquer coisa, menos do próprio nome. Se olharmos para a nossa vida, talvez encontremos situações parecidas. Situações em que juramos ter tido azar ao esquecer a data de uma reunião importante quando, na verdade, foi só uma tentativa de postergar o *nosso boom* na carreira. Dias em que faltamos a uma entrevista que queríamos muito porque era pavorosa a ideia de ser visto como um bom candidato.

Essas são algumas das histórias com esse medo:

"Perco todos os prazos para tudo: esqueço ou faço de propósito?"

"Acordo mais tarde do que o horário combinado, fico muito tempo no celular, enrolo para começar projetos novos e fico adiando iniciativas para alavancar a minha carreira. No fim, sei que é mais cômodo não tentar e reclamar que não dá certo do que, de fato, tentar fazer com que dê."

"Sou enfermeira e sempre sonhei em trabalhar em um hospital da minha cidade. Ao saber sobre uma seleção para determinado setor, resolvi me inscrever. Ao fazer a inscrição, não a concluí porque fiquei com medo de ser selecionada e não dar conta do serviço. Porém, mesmo com a inscrição incompleta, entraram em contato comigo pelo telefone e me chamaram para a seleção. Aceitei. Mas depois fiquei com medo de passar e dar certo. Na verdade, medo do que é novo."

É assim que você se defende

Reconhecer a existência do medo de dar certo é tão importante quanto ser capaz de identificar a forma com que nos defendemos dele. Quem me chamou a atenção para isso foi a psicóloga Vanessa Pérola, que concordou em conversar comigo durante o processo de escrita deste livro. Ela me contou que quando sofremos com o

MEDO DE DAR CERTO

medo de dar certo, é comum apresentarmos alguns dos comportamentos a seguir.

Eu evito

Márcia tem cinquenta anos. Ela é servidora pública e formada em Odontologia. Trabalhou em consultório por dez anos, até resolver estudar para um concurso, com a intenção de ser dentista em um órgão público. O que não desconfiava é que no meio do caminho ela se apaixonaria pelo Direito.

Tudo começou quando fez um curso de direito médico e odontológico, pensando no seu objetivo de concurseira. As aulas eram apaixonantes e o que era para ser só um complemento na formação acadêmica acabou virando um novo sonho. Márcia maturou a ideia por um tempo e acabou por decidir criar um negócio on-line na área do direito odontológico. Deu mais certo do que ela podia imaginar, a ponto de lhe causar medo, conforme ela relata: "Agora estou aqui, sabotando esse negócio, morrendo de medo de ele crescer na mesma intensidade que o potencial que tem. Fico até sem ar quando falo nisso. Estou meio que paralisada, recusando parcerias, deixando clientes irem embora porque morro de medo de esse projeto dar certo".

Evitar os próprios sonhos é uma tentativa de controlar a vida. Adiamos o *boom* dos nossos projetos, evitamos os movimentos que sabemos ser importantes porque achamos que, assim, vamos controlar a forma com que vamos nos sentir. Se a ideia de ver o seu projeto ganhando forma deixa você ansioso, o ato de evitar o projeto é a forma encontrada para buscar segurança.

Eu procrastino

Há alguns anos, entendi que toda vez que procrastino algo é porque estou tomada por um desses três motivos: preguiça, ansiedade ou medo. Me dei conta disso em uma semana em que precisava entregar um texto. Havia pelo menos quatro semanas em que eu me sentava na frente do computador para escrever e, quando dava por mim, estava na cozinha lavando louça ou arrumando gavetas. O movimento era tão inconsciente que só notava que não estava no computador quando já estava há meia hora na cozinha.

Já perto do prazo, recebi uma mensagem perguntando se estava tudo certo com a entrega. Gelei, mas disse que sim. Entregaria no prazo. Daquele instante em diante, suspendi todas as minhas outras atividades e determinei que não faria outra coisa além de escrever. Por dias, me levantei da cadeira com náusea por ser cinco horas da tarde e eu não ter comido ainda. Foi um processo tão sofrido que prometi a mim mesma que não me submeteria de novo a uma situação parecida. Mas, para isso, eu precisava entender por que tinha reduzido um mês de prazo, com folga, em três dias de tortura.

De cara entendi que tinha procrastinado, mas a pergunta que me interessava era: por quê? Cheguei à conclusão de que minha procrastinação se alterna entre esses três polos: preguiça, ansiedade e medo.

- A preguiça

A preguiça que me faz procrastinar tem a ver com a sensação de que aquela tarefa pendente é chata e vai me dar pouco ou nenhum prazer. Aqui entram: o rascunho do projeto de escrita que eu quero fazer há cinco anos, mas sempre deixo para depois, a extensa ficha de inscrição daquele edital que eu queria muito passar, mas tem vinte páginas só de informação e mais dez para colocar meus dados e explicar por que mereço aquela vaga, ou ainda aquela oficina de dança que é gratuita, só preciso comprar o uniforme, preencher uma ficha e depois ir até lá para me matricular.

Quando se trata de realizações pessoais, tenho muita preguiça de coisas que não se resolvem em um único passo. Mas aprendi

MEDO DE DAR CERTO

um jeito de contornar esse meu lado ao quebrar a atividade em pequenas tarefas. Mais ou menos assim:

Inscrição no edital de escrita

Segunda-feira: leio cinco páginas do edital

Terça-feira: leio mais cinco páginas do edital

Quarta-feira: leio mais cinco páginas do edital

Quinta-feira: leio mais cinco páginas do edital

Sexta-feira: separo as informações necessárias para o cadastro

Sábado: faço o cadastro com as informações já separadas

Separar a missão em pequenas tarefas diminui, para mim, a sensação daquilo que chamo de "efeito armário de sábado". Aquela que, com certeza, você já passou também. Chega sábado, dia de faxina, e pegamos desinfetante, flanela, vassoura, rodo e caixa de papelão. A ideia é limpar, reorganizar, tirar as coisas que não usamos do armário e estabelecer uma nova ordem. Vinte minutos depois, estamos deitados em cima do monte de roupa na cama, sem organizar coisa alguma. Por vezes, senti a mesma coisa em realizações pessoais. O edital, a conversa, o projeto, me parecia tão grande, que eu deixava para lá.

A impressão de que a tarefa é enorme e muito exaustiva nos dá a sensação de que não vamos dar conta e de que vai demorar muito para sentirmos prazer de novo. Então, dividir a tarefa em pequenos blocos nos faz enxergar a linha de chegada mais rápido e assim ficamos com a sensação de que estamos avançando.

- A ansiedade

A ansiedade é o que me faz dizer "não" tanto para o objetivo que almejei quanto para o que de fato está acontecendo. Certo dia eu estava em casa, cozinhando, quando meu celular apitou com uma mensagem. Era um e-mail de um diretor que acompanhava o meu podcast, "Para dar nome às coisas", e tinha interesse em transformá-lo em uma série para televisão. Por fim, me convidava para uma reunião online para falarmos mais sobre o assunto. A mensagem era aberta, amigável e gentil, mas me vi respondendo com um "que bacana, fiquei honrada, mas estou atolada de coisa, não consigo".

Por sorte, na hora, percebi o que eu estava fazendo e me perguntei: "Por que eu escrevi isso?". Foi quando me dei conta da imagem que estava rodando na minha cabeça. Eu, sentada em uma poltrona de um *talk show*, respondendo a perguntas sobre a série inspirada no podcast. Todas as luzes e câmeras voltadas para mim. Nervosa, eu falava alguma besteira incorrigível e, envergonhada, me arrependia de ter embarcado naquele projeto.

Em minha mente, eu já tinha aceitado a proposta, a série já tinha sido gravada, o sucesso já tinha acontecido — a ponto de eu estar em um programa de tevê para falar do assunto — e eu tinha colocado tudo a perder, por conta de um deslize. Eu não tinha saído do escritório. Seguia sentada em frente ao computador. Mas, na minha mente, eu estava lá na frente. O "não" que eu tinha acabado de dizer era para isso. Para essa catástrofe criada pela minha ansiedade. E não para a conversa inicial.

Racionalizar esse tipo de situação me deixa mais atenta às minhas próprias reações. Isso me faz observar se estou realmente respondendo no presente ou só reagindo a projeções criadas pela minha mente ansiosa. Nesses momentos, o que me ajuda a sair do "fim do mundo" é me perguntar em voz alta: "O que aconteceu aqui?". E narro a resposta para mim.

Nesse caso seria: o que aconteceu foi que recebi um e-mail de um diretor que está interessado em transformar o podcast em uma série de TV, apenas isso. Ponto-final. É a isso que devo responder. Todo o restante foi fruto da minha ansiedade.

Como sei que a ansiedade me sequestra mais vezes do que gostaria, também gosto de me dar algumas horas para pensar antes de responder propostas importantes. O tempo ajuda a decantar o que é medo, o que é ansiedade, o que é tentativa de controle, o que é uma ameaça real e o que são só narrativas apocalípticas da nossa imaginação.

Tenho, inclusive, uma lista com esse nome — "tempo para pensar" —, onde enumero questões que demandam a minha reflexão. Junto a elas coloco um prazo para resposta: *Quero ir ou não quero? Estou com preguiça ou com medo? É falta de vontade ou a sensação de que não mereço esse convite? Estou realmente sem tempo ou só estou apavorada com a ideia de ocupar esse lugar que acho incrível?* Tirar um tempo me ajuda a encontrar essas respostas.

Respirar conscientemente, conversar com amigos e escrever os meus medos também são três ferramentas que me ajudam a sair do espiral criado pela ansiedade, perceber a realidade como ela é e responder adequadamente — ou seja, de acordo com o meu real desejo.

- O Medo

O medo é uma ferramenta muito útil na mão da ansiedade. Por vezes, ao cuidar da ansiedade, os medos podem desaparecer. Isso acontece porque o medo, em certos casos, não é causado pela realidade em si, mas pelo que imaginamos ser possível de acontecer conosco, caso a projeção da ansiedade se realize.

> Como sei que a ansiedade me sequestra mais vezes do que gostaria, também gosto de me dar algumas horas para pensar antes de responder propostas importantes. O tempo ajuda a decantar o que é medo, o que é ansiedade, o que é tentativa de controle, o que é uma ameaça real e o que são só narrativas apocalípticas da nossa imaginação.

No caso que contei do e-mail do diretor de série de TV, meu medo surgia sempre que a cena do programa aparecia em minha mente. Eu me imaginava falando algo incorrigível e depois vinha o medo de perder tudo o que eu tinha conquistado até aquele momento. O medo não era uma reação a um acontecimento real, mas a uma projeção imaginada.

Eis um bom exemplo de como isso acontece: um escritor sempre sonhou em ver sua carreira deslanchar. Um dia, recebe uma ligação de sua agente, em que ela lhe pede o manuscrito de um livro. Ele é tomado por um misto de felicidade — por estar perto da realização do sonho —, e de angústia — por estar perto da realização do sonho.

Todos os dias, o escritor promete sentar na frente do computador para escrever, mas acaba por priorizar várias outras atividades, que nem são tão importantes assim, e quando senta para escrever já está cansado, com sono e incapaz de completar direito uma frase.

Ele então vai para cama prometendo a mesma coisa para o dia seguinte. Mas, quando chega a noite outra vez, percebe que não escreveu de novo. Dessa vez, está tão cansado que nem arrisca se sentar ao computador, porque sabe que não vai conseguir completar uma frase. Deixa para o outro dia.

O mesmo acontece no outro dia, e em vários dias depois. Até que o escritor recebe uma ligação da agente, lembrando que falta um mês para entregar o livro. O prazo seria insano se não tivesse sido encomendado muitos meses antes. Ele começa, então, a escrever o livro, pede mais alguns dias, e consegue entregá-lo. Ele considera o resultado bom, mas tem certeza de que poderia ter explorado muito melhor a história se tivesse começado mais cedo. É o que diz aos outros: "Poderia ter ficado melhor, se eu tivesse mais tempo". Mas, no fundo, por mais que não o verbalize às outras pessoas, o livro mediano é exatamente o que ele queria entregar. Porque, ao entregar um livro de qualidade inferior, o escritor pode se proteger do que tem medo: ver o seu nome projetado como grande escritor e ter de lidar com a expectativa de continuar entregando bons manuscritos. Medo e desejo geralmente andam lado a lado.

Eu idealizo (por medo da dor)

Quando penso em idealização e no medo de dar certo, a história de um dos personagens da série *How I met your mother* é, para mim, o melhor exemplo. É um homem jovem que passa bastante tempo da vida sonhando em ser professor. Ele imagina como seria entrar na sala de aula, dividir conhecimento com os alunos, receber de volta o respeito deles.

Um dia, a oportunidade bate à sua porta, e do melhor jeito possível. Ele é convidado para assumir um cargo em uma universidade importante, em uma turma de arquitetura. É exatamente o que sempre quis. Mas, exatamente no mesmo momento da chegada do convite, ele é invadido por um súbito desinteresse no emprego. Começa a achar que o trabalho nem é tão legal assim, que dar aula deve ser chato, que talvez nem queira assumir o cargo, que, na verdade, ele se enganou esse tempo todo desejando isso.

Os amigos próximos desconfiam. Sabem que dar aula sempre foi o sonho dele. Então, quando a vaga aparece, do jeito mais perfeito possível, ele simplesmente não quer mais? Os amigos ouvem as justificativas e a indiferença, mas intervêm: "Será que você realmente não quer ou pode ter outra coisa aí?".

Então ele consegue dizer algo parecido com isso: "Passei tanto tempo sonhando com este momento que agora que ele aconteceu, tenho medo de ir viver e perceber que a realidade não é tão incrível quanto eu tinha imaginado. Prefiro ficar com o que imaginei".

Vi essa série anos atrás, mas essa cena ficou na minha cabeça, porque ela traz algo que é um pouco da vida de todos nós. Viver as coisas que sonhamos é também viver a realidade das coisas que sonhamos. E a realidade tem aspectos que nenhuma idealização abrange: complexidade, ambivalência, contradição, dificuldade... E, por isso, muitas vezes, podemos nos defender da realização dos nossos sonhos, como se ela fosse uma ameaça. Podemos querer ficar no lugar da idealização, porque ela é um lugar macio, quente e protegido. Uma casa em que decidimos onde colocar os quadros, os itens de decoração, e ninguém mexe neles porque só nós entramos ali. Renunciamos ao que sempre quisemos para não sair dessa casa.

Digo isso e lembro de ouvir vários palestrantes dizerem a mesma coisa. O bastidor de um palco lotado e de plateias aplaudindo em pé são resultado de horas de estudo, pouco tempo de sono, voos atrasados, camas de hotel, refeições corridas, ligações apressadas em aniversários. Esse tipo de fala sempre me atravessa porque passei anos colocando o trabalho de palestrantes na casa da idealização. Até que os primeiros convites para assumir esse lugar chegaram e me vi entre abrir a porta para a realidade ou me sentar de vez no sofá dessa casa que só existia na minha cabeça.

Abri a porta e tive uma percepção valiosa: realizar sonhos traz euforia, alegria, felicidade, abundância, mas também uma dorzinha, porque algo dentro de nós se despede. No meu caso, me dei conta de que ia viver plateias lotadas, aplaudindo, mas também o medo de não gostarem do que falei, a ansiedade de passar dias longe de casa, a angústia de me deparar com alguém na plateia chorando — e não sorrindo — e não saber, exatamente, se era de emoção ou tristeza. Complexidade. Ambivalência. Contradição. Na idealização só entrava felicidade. E é por isso que é tentador idealizar em vez de ir viver.

Eu desisto

Conversando com pessoas que já sofreram com o medo de dar certo, percebi que quase todas já desistiram de alguma coisa que queriam muito e, com frequência, isso aconteceu quando as coisas

MEDO DE DAR CERTO

estavam bem perto de se concretizar. Essas pessoas conseguiram dar o primeiro passo e suportaram ver o desenvolvimento de seus sonhos, mas, quando estavam perto mesmo de acontecer, recuaram dando justificativas ou apontando defeitos que não faziam sentido nem para si mesmas.

Em uma época que eu estava convictamente solteira, conheci um cara em um aplicativo de relacionamentos. Estávamos ambos com pouco tempo disponível para um encontro presencial, mas combinamos de ir a um bar no mês seguinte, que era quando estaríamos em São Paulo. Pelas trocas de mensagem que tínhamos todos os dias, eu sentia que ia ser um encontro gostoso. Conseguíamos conversar sobre absolutamente qualquer assunto e tínhamos muita coisa em comum. Era fácil, bom e eu queria logo que o dia do nosso encontro chegasse.

Já perto da data de nos encontrarmos, começamos o dia conversando sobre um assunto qualquer, como de costume. Mas nesse dia, em vez de responder por escrito, como habitualmente fazia, ele respondeu por áudio. Era a primeira vez que escutava sua voz. No mesmo instante que dei *play*, senti uma curiosidade empolgada, que logo se transformou em certa desconfiança, que virou repulsa e, por fim, culminou em um desejo de cancelar tudo. Contei sobre a sensação para uma amiga muito próxima, que me perguntou o porquê de eu sentir vontade de acabar com tudo depois de ouvi-lo. Eu, muito sinceramente, respondi: "Não gostei da voz dele". Minha amiga que me conhece bem respondeu: "Não acho que você queira cancelar, só por causa da voz, um encontro com alguém que você achou muito legal até aqui. Acho que vale pensar sobre isso". Precisei de uns dias para entender o que ela queria dizer. Escutar a voz dele pela primeira vez tornava a presença dele muito mais pessoal do que tinha sido até então.

Até aquele momento era como se estivéssemos separados por uma tela. Mais do que isso: era como se eu, e toda minha solteirice convicta daquela fase, tivéssemos a uma distância segura de um contato que poderia mudar o momento que eu vivia, isto é, até que a voz ultrapassou a barreira que eu tinha criado. Hoje sei que o problema não era a voz, mas o medo do descontrole que é estar apaixonada, que pode ocorrer quando nos damos conta de que o outro é real, e não uma fantasia. Desistir foi a única alternativa possível que encontrei para lidar com aquela circunstância que me dava medo.

Mas a desistência durou pouco. A percepção sobre o que eu estava sentindo me preparou para o que estava acontecendo. Assumi para mim que eu estava com medo de abrir mão da minha vida de solteira: conhecida, confortável e dentro do meu domínio. Reconheci que estava com medo de deixar outra pessoa entrar. Então, entendi que viver aquela paixão não era uma imposição, mas uma escolha. Eu podia abrir mão daquela história e decidir não a viver. Teria ganhos e perdas conhecidas. Ou talvez eu pudesse deixar essa pessoa entrar e conhecer novos ganhos e novas perdas.

No dia combinado, tomei minha decisão. Fui ao bar, aberta para receber da vida o que viesse, consciente da minha decisão. Foi uma noite gostosa e divertida, como achei que seria. Nos encontramos outras três vezes. Até que ele encontrou por acaso uma ex-namorada em uma ida ao supermercado e eles decidiram retomar a relação que haviam tido.

Vez ou outra lembro dessa história com carinho, porque me faz reconhecer como a mente é poderosa, interessante e digna de investigação. As emoções não vêm com legenda; é preciso se debruçar sobre elas e perguntar: "Do que estou querendo desistir?", "o que me causou essa vontade de desistir?", "será que quero desistir porque não gostei da voz da pessoa ou porque a voz da pessoa materializou um medo que eu tenho de me apaixonar?".

Incentivo que façamos perguntas do tipo de vez em quando, porque a vontade de desistir às vezes só aponta para algo mais

MEDO DE DAR CERTO

profundo do que enxergamos no momento. Descobrir o que é aumenta a chance de fazermos escolhas mais alinhadas com nossos desejos, de modo a não fugirmos do que realmente queremos.

- Perfeccionismo

Sempre me achei perfeccionista. Ainda hoje, se me distraio, repito isso. Mas o que descobri é que o perfeccionista não é só a pessoa apaixonada pela ideia perfeita das coisas. Muitas vezes, ela é a que morre de medo de errar, porque acredita que o próprio valor está ligado às coisas que faz. Então, se os resultados alcançados são considerados bons, ela acredita que ela mesma é boa. Mas, se as coisas que faz são consideradas ruins, automaticamente, ela se sente ruim também.

Desconectar o valor da pessoa do que ela produz é um exercício diário e é algo que repito para mim todos os dias. Diante de cada tarefa que preciso fazer, digo: "Ficando ruim ou bom, o seu valor não está em jogo. Um resultado excelente ou horrível não mensura a sua capacidade de tentar de novo ou de aprender". Ter isso nítido na minha cabeça é o que me faz arriscar sem ser paralisada pelo medo.

Mas há outras facetas do perfeccionismo. Ele pode aparecer quando a pessoa acredita que só vai poder fazer algo quando estiver completamente pronta. Tal convicção mora na ideia de que há um estado perfeito, acabado, completo.

Ao ouvir pessoas que passam por isso, descobri dois comportamentos comuns que decorrem dessa ideia: o primeiro é a procrastinação. A pessoa simplesmente adia o que tem que fazer, porque não se sente pronta. A segunda é a incapacidade de concluir tarefas. É aquela pessoa que não consegue parar de editar o texto, o projeto, o trabalho, e isso porque acha que sempre pode ficar melhor. Só que esse lugar nunca chega e, em alguma medida, é esse o desejo.

Nesses dois comportamentos, a pessoa se ocupa de atividades que a impedem de colocar as coisas à prova e viver o que vier depois, inclusive o sucesso.

Eu me conformo

Uma das coisas que também entendi durante a conversa com a psicóloga Vanessa Pérola é que muitas vezes um dos sintomas do medo de dar certo é a conformação. Também conhecido como resignar-se. Por exemplo: uma pessoa trabalha em uma empresa há muitos anos, mas acha que, apesar do plano de carreira e das oportunidades que aparecem, ela não tem habilidade, capacidade ou potencial de avançar muito lá dentro. Então a resposta que ela dá para isso é: "Eu me conformo".

Segundo Vanessa:

> A pessoa vai se conformar com relacionamentos medianos, empregos medianos e situações medianas. Vai se conformar com aquilo ali. É como se ela pensasse: "Não vou retroceder, mas também não vou avançar". Ela tem um pensamento constante que diz: "Aceito o que o mundo e o universo me trazem. Se eles só têm isso para me dar, então tudo bem".

É interessante perceber que, independentemente de qual seja o nosso comportamento mais comum entre todos os citados anteriormente, todos eles são, em alguma medida, uma forma de controle. De tornar previsível o que é assustador, doloroso e ansiogênico.

7

O medo do sucesso
a favor da sua crença

Crenças internalizadas e suposição

No livro *Acolhendo sua criança interior*, a psicóloga Stefanie Stahl define crença como "uma convicção profundamente enraizada que diz algo sobre a nossa autoestima e a nossa relação com as outras pessoas". Algo profundo e inconsciente que influencia a percepção das coisas e que logo interfere em nossos pensamentos, sentimentos e também na forma como agimos.

No livro, um exemplo citado é de um garoto chamado Miguel, o mais velho de três irmãos. Seus pais trabalhavam em uma padaria e viviam sobrecarregados com as atividades do trabalho — o que influenciava no tempo que conseguiam passar com os filhos.

Como era criança, Miguel ainda não conseguia fazer uma leitura completa do ambiente e achava que a falta de atenção tinha a ver com ele. Conforme foi crescendo, a frustração acabou virando uma convicção de que não recebia atenção porque não tinha valor. Pensava coisas como "não sou bom o bastante" e "não sou importante", e isso acabou por interferir nas suas relações em todos os aspectos.

O objetivo do exemplo é poder demonstrar que "por mais que essas crenças tenham surgido na infância, elas criam raízes em nosso subconsciente e ali permanecem na fase adulta, atuando como uma configuração automática que passa despercebida". Por vezes, as crenças só são identificadas quando passam a nos incomodar com os seus efeitos visíveis.

No caso de Miguel, o efeito visível era a forma com que ele explodia toda vez que se sentia minimamente desamparado. Para mudar seu comportamento, Miguel precisou entender por que reagia de forma tão intensa — e às vezes desproporcional — às circunstâncias. Descobriu que a situação nunca doía só como resposta a algo recente, mas também como uma marca profunda que ele ainda não tinha explorado.

Entendi mais sobre o assunto quando conversei com a psicóloga Vanessa Pérola, que explicou que essas percepções são rígidas, supergeneralizadas e, portanto, difíceis de serem modificadas. Funcionam em uma espécie de causa e efeito. Algo como: "Se eu fizer isso, logo, acontece aquilo". "É como alguém que diz: 'Se eu me destacar na empresa ou se eu fizer sucesso, não vou conseguir ter amigos'. Ou 'Se eu tiver muito dinheiro, as pessoas vão me achar metida'".

Entender as nossas crenças nos ajuda a analisar o medo de dar certo sob outro ângulo. Porque, se as crenças sobre o sucesso apontam para perda, desafeto, isolamento, punição, parece óbvio que tentemos evitar, a todo custo, que as coisas deem certo. É também por isso que acho que, em dado momento, todos nós teremos de investigar quais são as associações automáticas que fazemos em relação ao sucesso.

Um bom jeito de começar é se perguntando: "O que de melhor pode acontecer se as coisas que ouso sonhar derem certo?". Na mesma medida, vale se questionar: "O que de pior pode acontecer se as coisas com as quais ouso sonhar derem certo?". As respostas a esses questionamentos certamente serão pistas sobre a motivação de nossa fuga.

Insucesso como prova de fidelidade à família

Juliana tem dois irmãos: um mais velho e uma mais nova. Ela cresceu ouvindo a mãe dizer que a irmã era mais inteligente e que teria um futuro melhor. As duas cresceram e, com o passar do tempo, Juliana acabou se encontrando no ramo de festas infantis. Foi um momento importante, porque ela sempre gostou desse universo e a possibilidade de transformá-lo em trabalho foi uma conquista. Assim como Juliana, a irmã também gostava desse segmento e fez o mesmo movimento, entrando nesse mercado. Certo dia, Juliana recebeu uma boa proposta para trabalhar na área em que já atuava, mas se viu travada. "Fiquei com medo de dar certo e minha irmã se sentir mal com isso. Até hoje fico me sentindo mal quando consigo um bom cliente, porque ela também trabalha com isso. Tenho medo de ser boa nisso e acabar por magoá-la."

É interessante perceber que a pressão contra a qual Juliana luta tem a ver com o fato de a irmã se sentir preterida. Mas não só. Tem a ver também com a sensação de que, ao avançar na carreira, Juliana pode provar que a mãe estava errada o tempo todo. Se entregar às boas propostas, enquanto a irmã não tem o mesmo sucesso, é lembrar a mãe que a previsão feita por ela, quando as duas eram pequenas, estava errada.

Muitos filhos podem atrasar, desistir, sabotar avanços na carreira ou na vida pessoal para se submeter às visões dos pais sobre eles. Como se o progresso — nesse caso, não esperado pela mãe de Juliana — fosse uma espécie de desrespeito, superioridade ou desobediência. Seja como for, é preciso identificar o motivo para agir exatamente nele.

...

Uma das histórias mais impactantes que já escutei sobre o medo de dar certo como obediência aos pais é a de Paulo. Com cerca de quarenta anos, ele decidiu fazer terapia ao se dar conta que não conseguia mais lidar com um sofrimento recorrente: sempre era demitido quando sua carreira estava perto de decolar. Na realidade, Paulo sabia o motivo da demissão, mas não sabia por que tinha feito o que fez para merecê-la. Era como se, em determinados momentos, ele simplesmente fosse tomado por uma força misteriosa. Um fenômeno que só acontecia quando as coisas iam muito bem.

Dias depois da notícia de que seria promovido, Paulo fazia questão de beber todas na festa de confraternização da empresa, e ainda dava em cima da esposa do chefe. Na semana seguinte ao prêmio de melhores funcionários, ele se esquecia de entregar relatórios, se atrasava para reuniões importantes e, quando chegava, parecia que tinha dormido com o paletó de tão amassado.

Por ser hábil, talentoso e inteligente, Paulo era chamado constantemente para conversas. Queriam saber se estava acontecendo algo, se estava com algum problema familiar. Ele negava, mas seu comportamento só piorava — ao ponto de seus chefes, que antes o veneravam, esquecerem por que Paulo tinha sido contratado. Ele não conseguia entender por que fazia aquilo, mas em segredo sentia satisfação ao ser demitido. Quando era conduzido até a porta, sentia uma espécie de alívio.

Se não fossem os problemas que as suas demissões estavam causando em sua vida familiar, talvez Paulo nunca tivesse procurado terapia. A esposa já ameaçava ir embora, porque as constantes demissões impactavam o orçamento familiar, provocando uma avalanche de dívidas e empréstimos que ela não era capaz de pagar sozinha. Ressentida por ter de segurar sozinha os custos da casa, a esposa deu um ultimato: ou ele se mantinha no próximo emprego, ou ela não suportaria ficar com alguém que não se esforçava o suficiente.

Procurando um espaço para lidar com o medo da separação, Paulo procurou uma psicóloga. Contou o que aconteceu nos últimos

MEDO DE DAR CERTO

dez anos de carreira. Deslizes aos montes, frustrações sem fim, demissões a perder de vista. Em seguida, se viu confessando o que jamais acharia que fosse capaz: sentia prazer em ser mandado embora. Mas por quê?

Levou um tempo até ele conseguir elaborar que não suportava a ideia de alguém confiar no seu trabalho. Não se via como alguém confiável profissionalmente. Ante uma promoção ou recebimento de prêmio de funcionário do mês, era tomado por uma ansiedade incontrolável. Achava que a qualquer momento decepcionaria aquelas pessoas e, como pensar nisso era terrível, tentava antecipar aquela sensação para se livrar logo dela.

De certa forma, Paulo sabia que fazia tudo aquilo de propósito. Queria provar para aquelas pessoas que não era confiável. Que não era digno da confiança delas. Quando sentia que as pessoas depositavam todas as fichas nele, Paulo estragava tudo, como alguém que puxa uma toalha que serve de apoio para um jogo de cartas. A bagunça era tão grande que não tinha como reorganizar. E, no fim das contas, era isso que ele queria: gerar um rompimento que não fosse possível de ser consertado ou relevado. E, quando conseguia outro emprego, o ciclo se repetia. Mas por quê?

Foi em uma das sessões de terapia que Paulo foi invadido por uma recordação da infância: ele insistiu que o pai o levasse à feira do bairro, local em que costumavam fazer compras aos domingos. Em sua cabeça, enquanto criança, o que importava não era exatamente o lugar para onde iriam, mas a rara companhia do pai, que era empresário no ramo alimentício e vivia na ponte-aérea. Quando estava em casa, era sempre ao telefone com "gente importante". O único momento que o pai parecia presente era aos domingos de manhã, quando ia à feira — tradição herdada pelo avô de Paulo, que parecia ocupar um lugar especial para o pai. Sabendo disso, na época com dez anos, ele insistiu naquela manhã para que o pai o levasse. O "sim" veio a contragosto e cheio de ponderações:

"Não pode pedir nada", "vai ter que andar sem reclamar", "vai me ajudar na volta". O garoto ouviu as orientações tal qual um soldado escutando seu superior antes de uma missão. Prometeu para si que faria tudo certinho para que o pai ficasse feliz.

Tudo corria bem. Fizeram as compras e, na volta para casa, o pai de Paulo pediu que o ajudasse levando uma das sacolas. O trajeto não durava mais do que quinze minutos. Parecia um momento perfeito. Estava junto ao pai, dividindo um momento importante para ele, uma das primeiras experiências de cumplicidade que ia conseguir nomear só anos mais tarde. Mas durou pouco.

Enquanto andava, o peso das laranjas rompeu o fundo da sacola, abrindo uma cratera por onde as frutas começaram a cair. Assustado, Paulo ficou paralisado. Não conseguiu correr ou esboçar qualquer reação. Enquanto tentava pegar as laranjas, o pai gritava: "Você é o meu braço esquerdo! Não faz nada direito!". Dor e vergonha se misturaram, criando uma couraça de silêncio ao redor da criança. Anos se passaram até ele se lembrar daquilo. "O que mais doeu", ele contou para terapeuta, "é que falhei na primeira vez que senti cumplicidade com o meu pai." Quando a terapeuta sugeriu que esse trauma pudesse estar relacionado com a autossabotagem no trabalho, ele negou, explicando que, se fosse tão relevante, também teria essa atitude em outras áreas da vida, o que não ocorria.

Apesar dos problemas na carreira, Paulo era um pai e um esposo presente, e tinha bons amigos. Foi então que a terapeuta perguntou: "Qual é a primeira palavra que vem à mente ao pensar em seu pai?". Sem prever a própria sinceridade, respondeu: "Trabalho". Foi o começo de uma grande jornada. Paulo entendeu que, embora tivesse se tornado um profissional talentoso e de sucesso, continuava "deixando as laranjas caírem" porque, no fundo, se considerava um "braço esquerdo". Tinha medo de que alguém confiasse nele e ele estragasse tudo. O trauma cristalizou o olhar de Paulo sobre si

MEDO DE DAR CERTO

naquela lembrança. E toda vez que algo ameaçava tirá-lo daquele lugar, ele fazia alguma coisa para voltar, porque era o que conhecia.

Embora parecesse contraditório, o ato de "derrubar as laranjas" e confirmar, para si, a sentença de que era um "braço esquerdo" era um exercício de obediência e de lealdade ao pai, por quem Paulo tinha muito amor. Para sustentar o sucesso e o reconhecimento, e parar de ser acometido pela ansiedade de estragar tudo, ele precisava reconhecer que o pai tinha errado naquele dia. Paulo não era um braço esquerdo, e, sim, um homem talentoso, hábil e que, por onde passava, sempre chamava a atenção com o seu trabalho.

Mas também precisava aprender a desobedecer. Criado por um pai rígido, Paulo entendeu que, para conquistar atenção e validação, precisava dizer "sim" para tudo que o pai dizia. Mas a lealdade familiar o fazia sabotar a própria carreira para confirmar a sentença que o pai havia lhe dado. No fundo, ele não queria mostrar que o pai estava errado. O medo do sucesso, então, virou um monstro. Aquilo que era temido. Enquanto estivesse preso à ideia de que só a obediência lhe traria amor, Paulo seria fiel a uma sentença errada sobre si, tentando alcançar um olhar de reconhecimento que nunca viria.

Nessa história, e em muitas outras, o sucesso é sentido como uma ameaça a vínculos e relações. Por isso, precisa ser mantido longe — se possível, eliminado. Mas não é só o *status* que assusta, mas também o dinheiro decorrente dele, podendo ambos trazer tormento e questões difíceis de lidar. É o caso de famílias em que um dos irmãos conseguiu trilhar um caminho diferente para si e, por causa disso, começa a ser isolado ou atacado pelo restante das pessoas daquele núcleo. O nome dele sempre surge em conversas pejorativas e em almoços de família, aparecendo como vilão seja qual for o enredo.

Sentindo o isolamento e a perseguição, essa pessoa passa a ver o sucesso como a semente de discórdia, desentendimento, desunião e é, em muitos casos, tomado de culpa. Sente que está fazendo algo errado, quase imoral, e se não for capaz de perceber o que está acontecendo, pode tentar se livrar de tudo o que conseguiu. Em outros casos, não existe perseguição familiar. Muitas vezes é a própria pessoa que se sente culpada por acessar e ocupar lugares que os seus pares ou antepassados, como pais e avós, não conseguiram.

...

Durante uma pesquisa sobre culpa por ganhar dinheiro, me deparei com uma história assim. Marcos nasceu em uma cidade do interior, vindo de uma família de agricultores, e sonhava com o dia de morar em uma cidade grande. Era o único na família que tinha esse desejo e era sempre visto como sonhador ou até lunático. Decidido a realizar o próprio sonho, sempre guardava o máximo de dinheiro que conseguia para fazer "um pé de meia". Via no dinheiro uma forma de custear seu sonho de morar em uma cidade grande até conseguir se estabilizar.

Por meio de muita dedicação e trabalho duro, conseguiu se mudar para o lugar dos sonhos. Levou um tempo para as coisas se ajeitarem, mas esse dia chegou. Por causa dos conhecimentos em agricultura, conseguiu entrar como operário em uma empresa grande. Passou perrengue nos primeiros anos na cidade, enfrentou discriminação por causa da origem e do sotaque, mas ganhou a confiança dos superiores e, conforme o tempo passou, foi recompensado com cargos mais altos. Enfim, ascendeu financeiramente e passou a acessar os lugares com que um dia tinha sonhado. Quando finalmente já conseguia pagar as contas com mais tranquilidade, planejou uma viagem para conhecer o mar, que só havia visto pela televisão. Era um objetivo simples e corriqueiro para a maior parte das pessoas com quem agora ele convivia, mas grande para ele.

A ideia, no entanto, causava um grande desconforto. Sempre que se imaginava molhando os pés na água, sentia uma pontada na boca do estômago. Com o tempo, percebeu que a reação não era exclusiva da ideia de pensar na viagem. Toda vez que almejava descansar ou relaxar, era tomado por pensamentos sobre os irmãos. Logo percebeu que era culpa, uma espécie de autocensura por ter estudado e mudado de cidade, enquanto a família tinha ficado no mesmo lugar. Embora tivesse boa relação com eles, não conseguia falar sobre isso, porque sentia um julgamento sempre que tentava se expressar. As conversas, antes longas, foram se tornando cada vez mais curtas, até que as ligações pareciam sempre ser interrompidas por algo mais importante. Parecia que sempre ligava na hora errada e incomodava a família.

> Muitas vezes é a própria pessoa que se sente culpada por acessar e ocupar lugares que os seus pares ou antepassados, como pais e avós, não conseguiram.

Marcos procurava entender o que tinha acontecido, o que tinha feito de errado. Os irmãos continuavam do mesmo jeito; era ele que tinha mudado, e logo o sucesso virou uma sombra. Com o tempo, passou a ter sonhos recorrentes sobre isso. Em uma dessas noites, ele se via sendo julgado em um tribunal. Quem o acusava eram os irmãos; o juiz era o pai. No sonho, ele tentava se explicar, mas sentia que tudo que falava, fazia com que eles ficassem ainda mais distantes. A sensação era que nada poderia absolvê-lo, a menos que parasse de cometer o crime de desfrutar de seus bons resultados.

Certa vez, tomou coragem de conversar com um amigo de fábrica, que tinha uma história similar, e o companheiro o ajudou a entender que ele não tinha culpa. Não era o sucesso que afastava as pessoas, mas a compreensão que elas tinham sobre isso. O melhor conselho veio do amigo:

"Você não vai mudar a ideia dos seus irmãos sobre o sucesso, mas pode mudar a sua. Porque se está justificando o afastamento deles por causa do seu sucesso e se culpando por isso, é porque você concorda com isso em alguma medida". Ele tinha razão. Marcos se deu conta de que a ameaça de as coisas darem certo lhe era familiar, que ele também compartilhava dessa opinião, e foi procurar ajuda. Com terapia e educação financeira, Marcos entendeu até onde ia sua responsabilidade. Ele segue nesse processo de desmistificar esse medo em si mesmo.

Os irmãos continuam a puni-lo por ter dado certo, mas ele não se culpa mais por isso. Entendeu o que está acontecendo e agora consegue ver com objetividade e clareza, e não se afeta mais com culpa. A mudança de comportamento de Marcos afetou o irmão caçula, que passou a sonhar em morar em uma cidade grande também, e Marcos o tem ajudado. No fim, ao encarar o próprio medo, Marcos tem ajudado a família a encarar os próprios medos. Se vão resolver ou não, já não é mais problema dele.

Que direito eu tenho de prosperar?

As histórias de Paulo e Marcos se parecem muito com as histórias que a psicóloga Vanessa Pérola ouve em seu consultório. Ela me contou que uma das perguntas que direciona aos pacientes é: "Até quando você vai continuar com essa lealdade à história da sua família? Até quando vai seguir um roteiro criado por seus familiares?".

Uma das histórias que a psicóloga testemunhou é a de Bruna, uma mulher que veio de uma família em que as pessoas não se davam bem com dinheiro. O avô de Bruna conseguiu se formar em engenharia, em um tempo em que poucas pessoas tinham acesso à faculdade. Por conta do ensino superior, conseguiu bons salários, mas todo dinheiro que ganhava, gastava.

Quando chegou a vez de Bruna entrar na faculdade, ela decidiu que queria ter uma relação diferente com o dinheiro. Entrou na

MEDO DE DAR CERTO

faculdade de pedagogia, curso que sonhava em fazer desde os 10 anos e, em pouco tempo, viu a carreira deslanchar. "Um dia me dei conta de que ganhava três vezes mais do que meu pai. Isso no primeiro ano de trabalho após a formatura." Bruna estava feliz, mas sentia que tinha algo errado em ganhar bem e ser próspera. Com seus outros familiares, a relação com o dinheiro tinha sido sempre marcada por uma espécie de tensão. Como se alternassem o tempo todo entre dois polos: o "vou gastar, porque ninguém sabe o dia de amanhã" e o "como já temos o que comer, beber e um teto sobre as nossas cabeças, não precisamos de mais". Bruna queria ter uma relação diferente com o dinheiro, mas sentia que não havia espaço para ser de outro jeito.

Como ainda morava com os pais, assumiu para si as compras de casa. Foi quando os comentários negativos começaram a aparecer. "Meu pai perguntava o tempo todo: 'Tá rica?'. E eu me via me defendendo, dizendo: 'não, eu não tô rica'". Como se ter dinheiro em uma família que sempre tentou se livrar dele fosse uma espécie de afronta.

Até hoje Bruna tem receio de dizer aos pais o quanto ganha. "Até hoje eu fico com esse medo de mostrar para minha mãe que vivo uma vida boa". No fundo, Bruna sente culpa por ter trilhado um caminho diferente do de seus familiares. Como se querer o melhor para si fosse o mesmo que querer ser melhor que os outros. Não é, mas é como Bruna se sente às vezes.

Uma de suas experiências mais marcantes nesse sentido foi quando se mudou para Belo Horizonte.

Morei numa casa muito boa, na região mais cara da cidade e teve um momento que deitei no sofá, olhei aquela casa e pensei: "Meu Deus, que casa!". Tinha máquina lava e seca, uma geladeira enorme, uma sala muito espaçosa, coisas que nunca tinha tido em toda a minha vida. Mas, no mesmo momento que veio essa satisfação, pensei na casa dos meus pais. Era uma casa muito,

muito velha, sem porta nos quartos. Foi quando comecei a chorar. Mandei mensagem para as minhas amigas, dizendo: "Gente, eu tô muito mal. Tô numa casa tão incrível e a casa dos meus pais é tão horrível. *Como é que eu me permito isso?* Eu não teria que estar aqui não; eu tinha que juntar dinheiro para melhorar a vida deles.

Bruna recebeu acolhimento de volta. As amigas a ajudaram a entender que embora aquela angústia fosse genuína e precisasse de acolhimento, ela não podia apagar as escolhas e renúncias que tinha encarado para viver aquilo. As amigas lembraram que os pais de Bruna não estavam desamparados, eram adultos e podiam fazer novas escolhas. Era preciso também colocar isso em perspectiva.

É importante perceber que o medo de dar certo pode surgir como o medo de "ser maior do que os pais", de ir mais longe do que eles foram. A pergunta que Bruna se faz quando muda para uma casa grande traduz um pouco dessa angústia: "Como eu me permito isso?", o que equivale a dizer: "Como é que ouso ir além do que meus familiares foram?".

Para não paralisar ou renunciar às suas conquistas, Bruna procurou terapia e passou por um processo semelhante ao que Vanessa conduz com os seus pacientes. Ela se dedicou a entender qual era a noção de sucesso que os pais tinham. Descobriu que, para eles, ser bem-sucedido era ter uma profissão, se estabilizar e não buscar muito dinheiro. Um pensamento que atravessava gerações.

Compreender a origem dessa crença familiar permitiu que ela entendesse os pais. Era assim que eles tinham aprendido a viver. Ela se dedicou a separar o que era o seu desejo do que vinha de fora, sabendo que não precisava convencer ninguém do seu caminho. Hoje, tem certeza de que não precisa ser fiel ao *script* familiar e nem viver da mesma forma que eles viveram. *Sabe que não corresponder às expectativas dos pais não é o mesmo que rejeitá-los.*

Seguir sem questionar

Se há casos em que seguir o *script* familiar pode parecer uma forma de respeito aos pais, em outros casos pode representar uma tentativa de demonstrar amor. É o caso de Júlio, que cresceu vendo a mãe gastar mais dinheiro do que tinha e podia, por causa de uma compulsão por compras. Sofreu junto com ela as consequências desse descontrole: mudanças de casa constantes, brigas familiares, desentendimentos com vizinhos a quem pedia dinheiro, ligações de cobrança em todos os horários do dia.

Na fase adulta, Júlio procurou terapia. Como economista formado, sabia como gerenciar o próprio dinheiro e investir como ninguém, mas percebia que constantemente fazia o oposto. Gastava mais do que ganhava, acumulava dívidas no cartão de crédito, assumia empréstimos. Se via repetindo aquele mesmo comportamento da mãe, que tinha feito ele e a família sofrer.

No auge do desespero, sofrendo as consequências desse descontrole, procurou atendimento terapêutico. Descobriu que embora soubesse e quisesse fazer diferente, não conseguia, porque mudar a própria forma de agir era se diferenciar da mãe. Tornar-se semelhante a ela era, para Júlio, uma prova de amor. Encarnar a dificuldade dela era um jeito de amá-la.

Trazer para a consciência, o que até então estava inconsciente, foi o primeiro passo para a mudança. Hoje ele frequenta grupos de apoio e tenta internalizar a ideia de que há outras formas de demonstrar afeto, que não se resumem a repetir comportamentos que fazem mal.

Infeliz no amor, tal qual a mãe

Mas não é apenas no aspecto financeiro que muitas pessoas repetem a história de suas famílias; o âmbito romântico também pode ser afetado. Veja a seguinte história que me foi contada: Bianca viu a mãe mudar de cidade, com os quatro filhos pequenos, para acompanhar o namorado, que queria morar no interior do Maranhão. O rapaz não tinha trabalho, nem fazia muito esforço para conseguir um. Passava a maior parte do dia deitado no sofá da mãe de Bianca. Um dia, ele decidiu que voltaria para o lugar de origem.

Mesmo sem ser oficialmente convidada, a mãe de Bianca resolveu acompanhar. Assim que chegaram, ela passou a trabalhar na roça para sustentar não só as crianças, mas também o namorado, a quem apoiou financeiramente, emocionalmente e psicologicamente. Até que um dia ele saiu de casa e não voltou mais.

Bianca cresceu ouvindo os conselhos da mãe: "Nunca abandone a própria vida por causa de homem algum e não deixe de ter uma profissão". Já adulta, achou que escreveria uma história diferente, mas se percebeu seguindo os mesmos passos da mãe. Toda vez que conhecia alguém, pagava cursos e investia na carreira dele, até que o namorado ia embora. Apesar dos conselhos da mãe, Bianca espelhava o comportamento que testemunhou ao crescer. Enquanto não se conscientizou sobre o modelo que estava seguindo, continuou a reproduzir os mesmos hábitos e seguiu se queixando dos mesmos resultados. É preciso identificar o problema para mudá-lo.

Senso de familiaridade

Foi durante uma conversa com a psicóloga clínica Vanessa Pérola que entendi de que modo o senso de familiaridade impacta nas escolhas e nos comportamentos que levamos para a vida adulta. Ela me explicou que ele é tipo um GPS instalado na nossa mente, que nos faz voltar ao caminho mais conhecido. É como se você quisesse muito fazer uma viagem para um lugar distante. Arrumou as malas, preparou o roteiro, trocou seu dinheiro para a moeda local e começou a dirigir para lá. Mas, quando chegou ao destino, percebeu que estava em um lugar diferente do que pretendia, mas que lhe era familiar.

MEDO DE DAR CERTO

É o que aconteceu com Bianca, na história que acabei de contar. Por mais que ela escutasse que não deveria dar todo o dinheiro que tinha para financiar a vida de seus parceiros, ela viu a mãe fazendo isso a vida toda e repetiu os mesmos hábitos. O GPS a levou para o lugar que era conhecido.

Esse GPS viciado em repetir os mesmos caminhos pode ser chamado de "crenças", que é como a terapia cognitivo-comportamental, também conhecida como TCC, compreende o sistema de valores que guiam uma pessoa.

Todo mundo quer um relacionamento em que tenha segurança afetiva, mas, quando se está nesse lugar (de segurança afetiva), não se sabe o que fazer ali porque não há familiaridade com isso. Quando não há briga, confusão ou a sensação de que parece que tudo vai acabar (que é o que muita gente está acostumada), a pessoa não sabe o que fazer.

Isso leva a psicóloga Vanessa Pérola a fazer uma provocação durante as sessões: "Quando encontra alguém que realmente queira ficar com você, o que você faz? As pessoas estão preparadas para querer o amor, mas quando ele chega, não sabem como lidar". Seu objetivo é fazer os pacientes entenderem que não são obrigados a seguir o roteiro criado e vivido há gerações. Mas se libertar disso é também renunciar a um caminho que já está pavimentado, que já sabemos exatamente como começa e termina. O medo de dar certo, muitas vezes, é o medo do vazio.

Um lugar não alcançado pela mãe

Madalena é uma mulher de 38 anos que conheci nos bastidores de um programa. Ela acompanhava meu trabalho pelas redes sociais e sabia que o meu novo livro falaria sobre o medo de dar certo. Aproximou-se mencionando isso. Era diretora em um laboratório químico e tinha o respeito tanto dos seus pares, quanto dos seus subordinados. Podia dizer que tinha chegado aonde queria.

Mas havia anos que ela planejava uma viagem ao exterior, e se via completamente travada para fazê-la. Por anos, ela alimentou uma pasta no Pinterest com imagens de lugares aos quais gostaria de ir. No início, era só um sonho para quando tivesse tempo e dinheiro. Todavia, conforme as condições melhoraram, ela se deu conta de que nem conseguia mais acessar a pasta com as fotos de referência. Ficou paralisada.

Por anos, Madalena viu a mãe se dividir em três empregos como empregada doméstica para cuidar dos filhos. Por causa da grana sempre apertada, o lugar mais distante que ela tinha conseguido levar a família era para cidades do litoral paulista, a uma distância máxima de oitenta quilômetros da capital, São Paulo, onde moravam. Lugares mais distantes não faziam parte do repertório familiar.

Madalena me confidenciou que adorava ouvir sobre minhas viagens e que morria de vontade de fazer isso um dia também. Perguntei: "Por que não vai?". Ao que ela me disse: "Porque minha mãe nunca foi e sinto que viajar é como alcançar um lugar em que ela nunca esteve".

Medo de superar os pais

Ao consultar a psicóloga junguiana Renata Pazos para a composição deste livro, dividi com ela essa história. Renata me trouxe uma perspectiva interessante. Em primeiro lugar, mencionou que essa narrativa é mais recorrente do que possamos imaginar. E que esse medo tende causar paralisia porque costuma se desdobrar para ramificações mais profundas. "É como se, ao viajar, ela denunciasse para essas pessoas (a mãe — ou tia, avó, pai) algo sobre elas. Algo que não conseguiram fazer. O medo de dar certo, nesse caso, é defender-se desse peso."

Não é uma denúncia intencional. Nem algo que é feito para machucar. Muito menos algo em que decidimos, deliberadamente, pensar. Mas lidamos o tempo todo com o nosso inconsciente, o inconsciente do outro e o inconsciente coletivo. Ou seja, as ideias que estão aí determinando o que é bom, o que não é, o que tem valor, o que não tem. E que vão fazer com que nos sintamos culpados ou absolvidos à medida que agimos de determinada maneira ou não.

Renata chamou minha atenção para um dos pensamentos que podem ser comuns nessa situação: "Em algum lugar dentro da pessoa existe a crença de que, quando se ganha mais do que a própria mãe, isso significa que a mãe é inferior". É um pensamento que causa angústia, porque em núcleos familiares há uma ideia muito enraizada e sólida de hierarquia. Assim, há casos em que pode ser insuportável ter experiências que os pais não tiveram, porque, nessa interpretação pessoal, pode significar ser maior do que eles.

Esticando a linha de chegada

Para conseguir trazer um pouco mais de luz para esse assunto, Renata sugere duas perguntas, às quais deve-se responder honestamente: "A minha família acredita que quanto mais alguém obtém conquistas, mais essa pessoa é superior?". Se você e a sua família fazem essa associação de que ter mais equivale a ser melhor, o medo de dar certo pode ser uma forma de manter — seja ela consciente ou não — a hierarquia como está. Para sair disso, é preciso encontrar as próprias ideias e os próprios significados. E parar de atribuir a si aquilo que a sua família não pôde conquistar.

A segunda reflexão que ajuda é se perguntar: "O que me permite conquistar aquilo que desejo?". No caso de Madalena, que queria viajar, os fatores eram muitos. Ela nasceu em outra época, é de uma geração que valoriza outras experiências, mas que tem também outros acessos. Aqueles nascidos na geração conhecida como "millennials" têm, entre outras características, o desejo de ter um propósito e se divertir. Muitos conseguiram ser os primeiros a entrar na universidade, por causa de projetos de políticas públicas, como a lei de cotas, assim como realizaram sonhos, em decorrência de uma economia que facilitou o crédito. Olhar para o próprio contexto ajuda a entender que os movimentos são nossos, mas há algo que nos ajuda a movimentar. Assim como Madalena, a mãe dela está inserida em um contexto em que talvez nem tenha sido ensinada que o desejo de viajar lhe fosse permitido.

A psicóloga complementa: "O que desejamos está sempre muito atrelado a esse movimento que é coletivo. Então, o tempo em que vivemos define a nossa vida. A geração define a psique. Então, hoje podemos desejar um monte de coisas que nossas mães e avós não puderam." Reconhecer isso é reconhecer que desejaremos coisas diferentes do que nossos pais. Faremos movimentos diferentes, porque os desejos e as necessidades mudam a cada história. É possível, inclusive, chamá-los para que embarquem nessa viagem conosco, respeitando caso não consigam, não possam ou não queiram. Desejar é intransferível: não dá para fazer pelo outro. E o processo de aprender a desejar também é individual. Podemos estimular e inspirar, mas nunca fazê-lo no lugar de outra pessoa. Podemos ser incompreendidos nesse processo e isso é algo que foge ao nosso controle. Mas é importante lembrar que fazer algo por si mesmo não muda a história de outra pessoa, mas pode inspirá-la.

> Desejar é intransferível: não dá para fazer pelo outro. [...] Podemos estimular e inspirar, mas nunca fazê-lo no lugar de outra pessoa. Podemos ser incompreendidos nesse processo [...]. Mas é importante lembrar que fazer algo por si mesmo não muda a história de outra pessoa, mas pode inspirá-la.

Insucesso como prova de fidelidade aos amigos

O experimento feito pelo psicólogo Solomon Asch, o mesmo que citei no capítulo 3 — aquele em que as pessoas davam uma resposta obviamente errada porque todo o grupo tinha feito isso antes — foi replicado em outros contextos.

Dessa vez, o experimento foi feito em um elevador. O teste começava quando uma pessoa desavisada entrava na cabine e apertava o botão de um andar. Em seguida, atores entravam no mesmo elevador e paravam exatamente na posição oposta da pessoa desavisada. Se a pessoa estava em frente à porta, eles paravam com o corpo virado para a direita, sempre se posicionando de forma diferente a quem já estava lá. Assim, as pessoas que não sabiam de nada tendiam a virar o corpo para ficar na mesma posição que os demais, mesmo que nada disso lhes tenha sido pedido.

Experimento semelhante foi feito em uma sala de espera de um consultório. Atores ocupam a maior parte das cadeiras. Levantam-se quando um sinal toca e se sentam só depois que ele para de tocar. Outras pessoas chegam ao consultório e, sem saber que estão em um teste, repetem o mesmo comportamento, mesmo que não saibam por que o fazem. O mais interessante é que quando restam apenas elas na sala de espera, seguem levantando e se sentando conforme o sinal, influenciando outras pessoas que também não sabem do teste.

O que Solomon Asch concluiu é que boa parte das pessoas tende a adequar o próprio comportamento para caber no grupo. E, para isso, fazem coisas que sequer entendem, duvidando do próprio senso crítico. Sempre que vejo esse tipo de teste, a reflexão que tenho é: "Se somos capazes de submeter nosso comportamento a estranhos, de modo que não fiquemos 'de fora', o que podemos fazer quando se trata de pessoas que amamos?".

A história de Júnior traz uma possível resposta a esse questionamento. Filho único, ele cresceu na periferia do Rio de Janeiro.

Filho de um metalúrgico e uma telefonista, sempre foi apaixonado por assuntos relacionados à tecnologia. Quando não estava dedicado ao trabalho de vendedor em uma loja de videogames, estava "enfiado" em casa, como dizia sua mãe, em seu antigo computador.

Com a ajuda de um cursinho do bairro e de vídeos no YouTube, Júnior acabou aprendendo bastante sobre o mundo dos computadores e começou a prestar serviços nessa área para quem morava na mesma região. Um dia, enquanto estava trabalhando em um projeto de programação, Júnior recebeu uma ligação: um vizinho, que trabalhava em uma grande empresa, tinha o indicado para uma vaga.

Apesar de Júnior não ter curso superior, a empresa reconheceu um potencial nele. Júnior abraçou a oportunidade e, depois de alguns meses, conheceu Marisa no trabalho. Ela era coordenadora de um dos departamentos e eles se gostaram de cara e começaram a namorar. Diferentemente de Júnior, Marisa tinha nascido em uma família de classe média-alta, que estava na terceira geração de advogados.

Quando as pessoas próximas aos dois ficaram sabendo do relacionamento, Júnior começou a enfrentar problemas. Seus amigos, que tinham nascido no mesmo bairro que ele, diziam que Júnior "ia ficar malvisto na favela" por ter acesso a lugares de "gente rica". O jovem, que antes gostava de compartilhar sua rotina nas redes sociais, com o tempo deixou de fazê-lo, porque as publicações eram compartilhadas e viravam piada entre os amigos.

Os comentários, que antes atacavam apenas o namoro, com o tempo passaram a atacar sua identidade. De muitas formas, deixavam claro que Júnior "tinha se vendido" e não pertencia mais ao grupo. O impacto foi enorme. Não questionavam apenas a escolha de Júnior sobre quem namorar, mas quem ele era. Um ano depois do início do namoro, Júnior terminou com Marisa. "Fiz isso para recuperar o meu lugar entre os amigos."

MEDO DE DAR CERTO

A história de Júnior não é incomum. Muitas pessoas temem o sucesso — seja ele profissional ou afetivo — porque morrem de medo de perder o seu lugar em seu grupo de origem. E por "lugar", não me refiro apenas a ser chamado para eventos e aniversários, mas a essa memória coletiva sobre quem somos, que é compartilhada e relembrada por quem convive conosco. Perder lugar em um grupo em que você existe é similar a uma morte. Um luto.

Isso revela algo maior sobre a vida de todos nós. Podemos abrir mão de coisas que nos são caras com a intenção de preservar relações. Achamos que ao sabotarmos nossos avanços, conseguiremos nos manter no mesmo lugar para aquelas pessoas. Acreditamos que ao abrir mão do que nos diferencia, poderemos pertencer. Mas, se estamos falando de amor e de pertencimento, não faz sentido deixarmos de fora quem somos. Precisamos caber ali com tudo o que somos e, assim, permitir que os outros façam o mesmo também. Afinal, uma relação boa não deveria incentivar que renunciemos ao que somos.

Júnior hoje se arrepende de ter rompido a relação com Marisa e se afastou da maior parte daquelas pessoas, porque entende que, perto deles, sempre cairá na tentação de ceder para caber. Ele entendeu que não é possível controlar o comportamento deles, mas tem trabalhado em terapia o desejo de alimentar relações que não exijam o abandono de si como prova de amor.

Como diz a psicóloga Renata Pazos, pertencer não é o mesmo que se encaixar. Pertencer é quando você é diferente e, mesmo assim, faz parte. Pertencimento é poder ir e voltar sem perder o seu lugar em si, no outro e no grupo. E, ao mesmo tempo, deixar que outras pessoas façam o mesmo.

Insucesso como prova de lealdade a Deus

É clássica e clichê essa imagem, mas é assertiva na mesma medida. O processo de autoconhecimento é como descascar uma cebola:

embaixo de uma camada sempre tem outra. Cada camada é um pedaço daquilo que está no centro — no caso, o medo.

Comecei a ir à igreja na adolescência. Não foi algo exatamente planejado. Minha mãe foi um dia para conhecer e, de repente, todo domingo ela estava lá. Inegavelmente, o ritual, as pregações e o ambiente faziam muito bem para ela. Ela encontrou um grupo de amigas, entrou para as aulas de canto e para o coral, aprendeu a fazer artesanatos lindos com tecido. Foi importante e transformador. E ela queria o mesmo para mim.

Desde muito nova eu já tinha uma espiritualidade viva. Com ainda dez anos, lembro-me de entrar no quarto dos meus pais e pedir para que fizéssemos uma oração juntos. Esse contato com o Sagrado representava algo forte para mim, me organizava e me deixava no eixo. Eu não saberia explicar como, só sentia. Era uma criança sensível, com uma habilidade para experimentar com intensidade a vida. Era tão bom que eu desejava, verdadeiramente, que todas as pessoas experimentassem o mesmo. Nesse dia, quando entrei no quarto dos meus pais, pensei pela primeira vez que queria ter uma rotina de ir à igreja. Naquela idade, eu sentia que ter um lugar para ir todo fim de semana era uma forma de garantir que eu receberia aquela sensação boa com mais frequência.

Levou alguns bons anos para que aquela rotina realmente acontecesse e, quando rolou, eu já não queria mais. Imersa na adolescência, eu não queria um compromisso que tirasse os domingos de mim. Era como ter de escolher entre ficar com meus amigos, jogando conversa fora e rindo de coisas que só a gente ria, ou me sentar em uma cadeira por três horas e sair de lá já perto da hora de dormir. A escolha era óbvia. Mas aí uma de minhas amigas mais próximas, Cátia, começou a frequentar a mesma igreja da minha mãe. Ela me contava o que tinha aprendido nos cultos e enfatizava principalmente a sensação de bem-estar em saber que seria salva.

MEDO DE DAR CERTO

Lembro-me de primeiro ouvir o que ela dizia com desprezo, depois com curiosidade e, por fim, com medo. Se o fato de ir à igreja era o que separava as pessoas do céu e do inferno, eu precisava correr. Comecei a me conectar com a religião pelo que, hoje, julgo terem sido os motivos errados. Não queria ser esquecida por Deus. O medo faz com que você perca o senso crítico e se entregue completamente a tudo. Vivi a religião na mesma intensidade que deveria viver a minha adolescência: com fervor. Eu absorvia muitas ideias sobre o que era pecado, sem analisar nem olhar de perto o que era cada uma. Talvez, com um pouco mais de criticidade, muitas delas não teriam sobrevivido, mas essa não é exatamente a minha história.

Lutar contra a vaidade — como se tivesse lutando contra um mal — é uma das coisas nas quais acreditei nessa época. Achava que, para não ser vaidosa, eu precisava negar qualquer coisa que me evidenciasse ou então que pudesse me levar para um lugar de destaque.

Ideias como fazer sucesso e o desejo de as coisas darem certo começaram a ganhar, para mim, um ar pecaminoso. Como se receber reconhecimento pelo que eu fazia bem fosse resultado de vaidade, o que significava fazer algo errado e que ia contra os valores de Deus.

Nessa mesma época, eu trabalhava como decoradora de festas infantis. Então, uma vizinha me viu fazendo guirlanda com balões e me chamou para trabalhar em alguns eventos com ela no próprio condomínio. Fui. Certo dia, terminado o expediente, ela me chamou para receber. Eu queria muito o dinheiro porque estava juntando para comprar um rádio que tinha visto em uma loja. Enquanto eu andava até o canto do salão em que ela estava, meu corpo foi tomado por uma euforia e, no mesmo instante, por uma culpa avassaladora. Eu estava feliz porque ia ganhar dinheiro. Mas eu o entendia como pecado.

Ela me estendeu o bolinho de dinheiro e pediu que eu o contasse. Lutando contra o que sentia, eu disse: "Tá certo". Para o meu desespero, ela não aceitou a resposta, e insistiu: "Não, conta, por favor. Veja se está certo". Vislumbrei as notas com o corpo completamente congelado, sem lembrar ao certo qual era, mesmo, o valor combinado. Novamente respondi: "Tá certo, obrigada". Voltei para casa tentando castrar aquela euforia de ter dinheiro, e me convencendo que eu estava só um pouco feliz com o rádio, que ia usá-lo para coisas boas.

Relatei essa memória à psicóloga Vanessa Pérola, que me ajudou a entender que aquilo que definimos como "verdade absoluta" é chamada por algumas abordagens da psicologia de "regras e pressuposto". Ela deu um exemplo baseado em minha história: se eu tiver dinheiro, se eu fizer sucesso (essa é a minha regra), então não vou ser uma pessoa humilde (suposição). Ou: se eu tiver dinheiro, se eu fizer sucesso (regra), não vou alcançar o Reino dos Céus (suposição).

Eu acreditava que ter dinheiro ou reconhecimento me tornaria uma pessoa pouco humilde, e o que mais me amedrontava nisso era a ideia de que eu desagradaria a Deus. Para que isso não acontecesse, eu cortava o mal pela raiz: fosse tentando abrir mão do dinheiro — me oferecendo para fazer algo de graça, mas que deveria ser remunerado —, fosse recebendo, mas diminuindo a importância do dinheiro para mim.

Foi um processo intenso mudar isso em mim. E só foi possível ao investigar as minhas regras, as minhas verdades absolutas e as minhas suposições. Nesse aspecto, me abri para entender que humildade não tem a ver com o quanto você tem na conta, mas com a sua postura. É possível ter pouco dinheiro e ser arrogante, assim como é possível ter muito dinheiro e ser generoso e bom, usando, inclusive, esses recursos para ajudar outras pessoas. Aliás, essa é uma das intenções que coloquei no meu dinheiro: ajudar quem precisa. Confio na minha forma de lidar bem com o dinheiro e, por isso, hoje, acredito que mereço abundância. Você também merece.

O medo de dar certo em uma sociedade racista e homofóbica

Eu estava atravessando a pista de dança de uma das matinês — antigas baladas para adolescentes — à qual eu e os meus amigos amávamos ir. Junto comigo estava uma amiga, que tinha acabado de sair para ir ao banheiro. Foi nesse momento que um menino alto e bonito me parou. Ele usava uma camiseta branca que marcava levemente o tórax. Com a mão leve em um de meus ombros, ele disse: "Você é linda, posso te dar um beijo?".

Na mesma velocidade, respondi: "Não". O rosto dele corou ao mesmo tempo que balbuciou: "Por quê?". Com rapidez, de novo, disse: "Porque não". Ele era lindo. Mas tinha algo dentro de mim que dizia: "Quem é você para ser escolhida e tão desejada assim?". Se eu pudesse voltar no tempo, tudo que eu gostaria de responder para mim mesma era: "Quem você acha que é para não ser?".

Mesmo de forma "torta" e inconsciente, podemos defender ideias que temos sobre nós mesmos. Passei tanto tempo acreditando que não era uma pessoa desejável, por causa dos efeitos e traumas causados pelo racismo, que todas as provas contrárias a isso me pareciam mentira. De alguma forma, eu lutava contra essas provas como se fossem uma ameaça; eu tinha medo de ser alguém desejável, porque era um lugar novo, desconhecido e estranho para mim.

Nesse caso, o medo de ocupar novos lugares pode também virar uma espécie de conformismo. Algo que você faz, não exatamente porque acredita ser o melhor para você, mas porque, de certa forma, acha que é o lugar que deve e merece ocupar. É como nessa experiência que aconteceu comigo na adolescência, estava tão acostumada com a ideia de ser preterida, que, quando fui escolhida, não soube o que fazer.

E isso acontece em outras áreas. Então, se uma garota cresceu ouvindo que o lugar dela é servindo aos outros, ela pode temer, mesmo que inconscientemente, ocupar um lugar de liderança, porque sente que está usurpando aquela posição. Mas a perversidade do racismo não para por aí. Ouvindo pessoas negras, notei como algumas delas podem sabotar a própria carreira por temer que, ao avançar, sejam vítimas de racismo — que, entre suas outras expressões, duvida da capacidade e trajetória de pessoas negras. Uma das histórias que recebi exemplifica bastante isso.

"Meu medo de dar certo está sempre associado à carreira, seja acadêmica ou profissional, que, no final, por aqui são a mesma coisa. Não consigo entender com muita complexidade o que me faz atrasar todas as minhas conquistas. Mas acho que tem relação com o fato de eu ser uma das poucas pessoas negras nesse espaço. Eu ainda faço questão de estar onde estou, mas estou sempre me segurando para não dar o próximo passo."

Vanessa Pérola argumenta que, psicologicamente, é como se pessoas negras sentissem que têm de ficar no lugar do subalterno, do submisso. No lugar daquele que não tem voz, que não sente, que não ama nem é amado. Daquele que não tem possibilidade. "E, além disso, é esse o lugar que muitas pessoas conhecem."

Se a vitória não é familiar, vai ser mais difícil se reconhecer nesse lugar. No caso de pessoas negras, LGBTQIAPN+ e indígenas, por exemplo, as representações de sucesso são escassas. Não nos vemos nas telas e nos livros. Então, é mais difícil visualizar a si mesmo dando certo porque as referências são poucas. Ter isso em mente ajuda a dar contorno para o problema.

"Quando a gente trabalha com pessoas que são minoria [política], a gente precisa entender que tem aquilo que é nosso, mas tem aquilo que é introjetado em nós. E a gente precisa saber separar um do outro: o que é do sujeito e o que foi introjetado pela sociedade. O que é aquilo que ele aprendeu que deveria ser?"

Nos relacionamentos, a homofobia pode refletir em um medo de dar certo para pessoas LGBTQIAPN+. Exatamente pelo fato de que o tempo todo dizem que isso não é para essas pessoas. Foi o pensamento que a psicóloga Vanessa Pérola trouxe para a nossa conversa. É uma sensação de que devem aceitar qualquer coisa, porque o relacionamento bom e saudável não é para elas.

Ela propõe o exercício de entender que aquilo que nos pertence deve ser tratado, e o que vem da sociedade deve ser rejeitado. Uma forma de colocar isso em prática é o questionamento. Se você tem um pensamento de que não nasceu para ser amada, uma coisa importante a fazer é se perguntar: "Mas quem diz isso?". Se o pensamento é: "Não nasci para ocupar cargos de chefia". A pergunta é: "Mas quem diz isso?". Desta forma, podemos chegar mais perto da raiz dos nossos pensamentos. Além do questionamento, é importante buscar referências na sua própria vida — reconhecimentos profissionais que você tenha recebido, o amor de pessoas próximas... É importante lembrar que uma forma de duvidar de si é achar que você não merece.

Insucesso por medo da sociedade patriarcal

"As mulheres são infinitamente mais podadas no lugar da imaginação". Quem disse essa frase foi a psicóloga Renata Pazos, em uma de nossas conversas, sobre mulheres e o medo do sucesso. Para exemplificar, ela citou algumas advertências que são feitas a nós, mas nunca aos homens.

"Você não pode querer tanto assim", "não pode ser tão ambiciosa", "segura e independente desse jeito, vai ficar sem ninguém". Essa falta de estímulo, junto à castração de qualquer desejo genuíno de avançar, faz com que as mulheres entendam que o seu papel se resume a servir e não a protagonizar a própria história e o próprio sonho.

Mas se você é mulher e deseja o destaque, não há lugar confortável. Será podada na saída, onde vão dizer que qualquer mínima ambição é sonhar demais. Ou na chegada, quando ouvirá perguntas do tipo: "Mas o que você fez para chegar até aqui?", "com quem se relacionou para chegar tão longe?". Questionamentos que são frutos de uma única suspeita: mulheres em lugares de poder merecem desconfiança.

Mesmo quando alcançam conquistas expressivas, muitas mulheres são colocadas em um lugar infantil, são tratadas como "café com leite". Como se as suas falas precisassem ser analisadas por uma outra pessoa, antes de serem levadas a sério. Não à toa, muitas são interrompidas e silenciadas, mesmo quando são autoridades em seus assuntos.

Ser mulher e desejar o sucesso e o reconhecimento é, de certa forma, empurrar essa cerca que quer nos manter aprisionadas e submissas. E não é uma cerca qualquer, mas, sim, um sistema de organização social, que coloca as mulheres em lugares de submissão e pressiona para que elas sejam mantidas ali.

Sair desse lugar significa sofrer com uma pressão contrária e constante. Pressão essa que vem por meio de pensamentos: *Quero mais, mas e se der certo? O que vem com isso? Quando eu chegar lá, como vão me tratar? Como usarão o meu sucesso contra mim?* É importante pensar em gênero, classe, raça e orientação sexual, quando falamos em medo de dar certo, porque quando corpos dissidentes (ou seja, fora da norma) avançam, não é apenas uma cerca que estão empurrando, mas várias. E quanto mais cercas você empurra, mais apontamentos, julgamentos, punições sociais — como o isolamento — você sofre. Nesse sentido, desistir de avançar é, em alguns casos, a forma encontrada para se proteger de todas essas violências. Às vezes, nem é medo do sucesso, é o medo da punição que vem com o sucesso, quando ele é alcançado por alguns corpos.

Se só existe espaço para um, preciso representar todos

Participei de um programa cujo apresentadora me confessou nos bastidores que se sentia desconfortável de aceitar convites para

MEDO DE DAR CERTO

grandes eventos. Ela tinha lançado um projeto que tratava de um assunto pouco explorado, e o projeto tinha ganhado uma grande projeção. Mas nele estavam envolvidas apenas duas mulheres; todos os demais eram homens.

Perguntei o porquê do desconforto. Ela disse que, quando os convites vinham, era sempre para dividir um espaço com os outros homens, nunca com a outra mulher, e isso gerava uma sensação de que ela tinha ganhado uma competição invisível por aquele único lugar disponível.

Quando acontecia o contrário, de a outra mulher ser escolhida, a sensação era de ter perdido o lugar. E isso gerava um sentimento de que elas estavam em disputa. Essa é uma representação nítida de como a sociedade patriarcal trata as mulheres. Quando seu sucesso é volumoso demais ao ponto de não ser possível negá-lo, vão colocar você em situações desconfortáveis. Vão disponibilizar apenas uma cadeira e fazer você acreditar que o problema de não estar ali é a outra mulher. Que, se não fosse ela, você seria escolhida. Ou vão colocar você na cadeira e fazer com que olhe para ela como inimiga. Enquanto brigamos entre nós, o sistema continua intacto.

Mas há outra perversidade nisso. Como são poucas as que conseguem reconhecimento pelo que fazem, vão colocar você como espelho de toda uma comunidade feminina. Como se ao estar lá, todas as mulheres estivessem lá também. O que parece bom — e em certa medida o é —, mas também é uma armadilha, porque qualquer coisa que você faça, boa ou ruim, vai soar como um comportamento de todas as mulheres. A sua subjetividade e individualidade passam a ser de domínio público. Vista como um reflexo de todo um grupo. Algo que, como diz a Renata, pesa muito sobre os ombros individuais.

E não há uma mulher universal. Se você for negra ou indígena, se for bissexual, lésbica, transexual e/ou se tiver alguma deficiência, essa cobrança será ainda maior. Quanto mais marcadores atravessarem seu corpo: raça, classe, orientação sexual, deficiência, entre outros, mais essa representação pesará, porque haverá menos pessoas como você no lugar onde está. É pesado ser colocado como representante de todo um grupo, e o medo do sucesso também pode revelar isso: o medo de perder a individualidade, a subjetividade e a própria história.

Nomear isso nos ajuda a entender que, ao ocupar lugares de destaque, não estamos, em hipótese alguma, roubando o lugar ou competindo com os nossos pares, com pessoas iguais a nós. Pelo contrário, ocupar esse lugar, sabendo que não nos fazem favor, mas que, pelo contrário, esses lugares foram negados a pessoas como nós, faz com que a sensação de dívida esteja na mão deles, não na nossa.

E não é só na carreira que isso aparece. Homens são socializados e estimulados a ocupar um lugar de poder e acima de suas companheiras sempre que possível. Mulheres são estimuladas a servir, cuidar e ficar abaixo nessa hierarquia. Muitas mulheres heterossexuais são levadas a esconder suas conquistas profissionais e potências para que tenham uma relação, porque muitos homens não suportam a ideia de uma mulher bem-sucedida, especialmente se for mais bem-sucedida do que ele. Por causa da estrutura machista da sociedade, o medo de dar certo pode ser, muitas vezes, o medo de perder a relação.

A psicóloga Vanessa Pérola conta que essa bifurcação entre o medo de perder a carreira ou medo de perder a relação pode fazer com que muitas mulheres sabotem sua vida profissional. Por exemplo: uma mulher que cresceu ouvindo que não deveria ter mais sucesso do que o parceiro começa a faltar no trabalho toda vez que tem uma promoção em vista. Assim, há duas possibilidades de resultado: ela pode seguir no mesmo cargo — o que atrasa o seu avanço — ou é demitida e tem de recomeçar.

Medo do julgamento

Quando conversei com a psicóloga Camila Tuchlinski, ela mencionou uma nova camada do medo de dar certo, uma que eu não tinha percebido até então: o pavor do julgamento alheio. Ela me fez pensar que, se não fosse a opinião alheia, talvez não tivéssemos medo de avançar, de nos destacar, de falar com tranquilidade sobre as coisas que fazemos. Não nos privaríamos de reconhecer conquistas nem de compartilhá-las. O medo de como as conquistas serão vistas faz com que, muitas vezes, tenhamos medo de conquistar.

O julgamento nem sempre é direto; às vezes acontece de forma velada. São comentários do tipo: "Ah, mas agora que você foi promovido, não anda mais com os pobres", "desde que começou a gravar vídeo na internet, nem lembra mais o nosso nome". São comentários que atacam a conquista e impõem a ela uma desconfiança. Algo que não é tão bom quanto parece.

Quando não é assim, os comentários podem ser mais diretos, questionando o valor daquilo que foi conquistado. Algo como: "Que bom que você encontrou um emprego, não é no lugar tal, mas pelo menos paga bem", "vi que você começou a fazer um curso, parece bacana, embora não seja naquela outra faculdade que é melhor". Parece que nunca é o suficiente. Os ataques, a desconfiança e a sensação de ter as conquistas sempre questionadas podem fazer com que muitas pessoas queiram evitar o sucesso para se proteger do julgamento. É algo que faz você pensar: "Eu não estaria ouvindo isso se eu estivesse no segundo lugar, se eu não estivesse fazendo sucesso, se eu não tivesse ganhado esse prêmio".

Você não vai controlar isso

Camila me contou que quase todos os pacientes dela já revelaram, em algum momento, medo de julgamento. E isso não tem a ver com o perfil das pessoas que ela atende, mas com o nosso desejo

— universal — de ser amado pelas pessoas. Para ajudar os pacientes a reconhecerem esse medo, mas sem ficarem paralisados por ele, a psicóloga traz uma realidade difícil, mas também libertadora: "Você será julgado". Impreterivelmente.

Ter isso em mente dói, mas liberta. Nos tira da fixação de encontrar um jeito perfeito e irretocável de existir, impulsionados pela ilusão de que, caso encontremos, não seremos julgados. Isso nos lembra que não importa o que façamos, os nossos comportamentos, o nosso jeito, a nossa forma de existir e as nossas ideias vão ser julgados de acordo com as crenças, valores e percepções de mundo de quem julga. E isso não é uma experiência exclusiva nossa.

O mais importante é lembrar que *controlar o seu comportamento não implica em controlar o julgamento do outro*. Faça ou não faça, diga ou não diga, ouse ou não ouse, escreva ou não escreva: quem quiser julgar, julgará. Não é o seu comportamento que gera o julgamento, e, sim, a forma de enxergar o mundo de quem julga. Nesse sentido, gosto muito da frase: "Quando Pedro me fala sobre Paulo, sei mais de Pedro do que de Paulo".

Todos os dias tenho lutado para lembrar que o julgamento do outro sobre mim não é um problema meu. No entanto, aquilo que eu acho sobre o julgamento do outro é. O que é tarefa minha é me perguntar: "Quando me julgam, qual é o critério que uso para aceitar isso? Por que concordo com alguns julgamentos, mesmo quando são mesquinhos e injustos? O que em mim faz com que a voz das outras pessoas seja mais forte do que a minha voz?".

Eu tenho muito mais facilidade em absorver críticas negativas do que elogios. Aceito, com muito mais tranquilidade, sugestões de melhoria do que reconhecimento positivo. Me puno muito mais quando erro do que comemoro quando tenho vários acertos seguidos. E isso me faz pensar que o julgamento do outro só me amedronta tanto porque é sempre um reflexo do que já faço comigo. Cuidar disso é responsabilidade minha.

MEDO DE DAR CERTO

Um exercício que gosto de fazer quando estou em uma espiral de julgamento é dizer em voz alta: "Isso é só um pensamento". O mesmo lembrete vale para quando alguém julga você: é só um pensamento. Costumo dizer que é como se cada pessoa visse o mundo da perspectiva de uma janela específica. Quem mora no térreo tem a vista do jardim, mas não verá a quadra. Quem mora no quinto andar, talvez veja a quadra, mas não veja o jardim. Aquilo que vemos, assim como os nossos pontos cegos, determinam o que julgamos como realidade.

Se entendemos que o pensamento de alguém sobre nós é a vista de um andar e de uma janela, entendemos também que é só um ponto de vista, e apenas isso: uma forma de ver a realidade. E é possível considerar algo, sem precisar aceitar ou rejeitar. Apenas considerar que é um ponto de vista. Se estamos seguros com quem somos e se sabemos que o outro só vê o que consegue, pode e quer, talvez fique mais fácil sair da teia do julgamento.

Parte dois

8

Ferramentas para lidar com o medo de dar certo

Se o medo do sucesso fosse um novelo de lã

É muito difícil lidar ou resolver questões sem saber exatamente qual função elas têm. Vale para coisas materiais, mas também para sentimentos, como o medo. Não conseguiremos convencer uma criança que tem medo de escuro a andar por um corredor no meio da noite só ao dizer que não há perigo ali. É preciso entender a fundo esse medo. Entender o que ele está tentando proteger, identificar qual é o medo por trás do medo. Sem isso, é quase impossível resolver o que nos paralisa. No entanto, os nossos medos não vêm com um manual de instruções sobre como agir. Precisamos embarcar no exercício de tentar entender, como quem anda em um corredor escuro, sem saber exatamente o que vai encontrar, mas com a certeza de que o movimento vai nos levar para outro lugar. Mas como fazer isso?

Uma das analogias que me ajudam — e que talvez possa ajudar você também — é olhar para os nossos medos como se fossem um novelo de lã. Quanto mais se puxa a linha, mais o novelo perde tamanho e mais perto do centro dele você está. Faço esse exercício mental quando estou com muito medo, "puxo" a linha, fazendo-me uma única pergunta: "Por quê?".

Para exemplificar, reproduzo aqui uma história que poderia ser a de muitos de nós. Paula é uma excelente confeiteira. A profissional que todo empregador gostaria de ter: ela sempre resolve problemas culinários que deixariam outras pessoas de cabelo em pé. É essa a característica que chama a atenção de seu chefe, a capacidade de simplificar coisas muito difíceis. Certo dia, ela é chamada na sala de seu chefe. Elogiam seu esforço e a habilidade de fazer a diferença e lhe oferecem um cargo de liderança. A oportunidade é um holofote. Paula vai trabalhar com os melhores profissionais da área, ocupar um espaço que parecia impossível até pouco tempo atrás, vai ser vista como aquela que faz parte do grupo dos melhores. Ela será vista como eles. Paula sonha mais que tudo com isso, mas, sem entender por que exatamente, ela nega a oportunidade.

Anos mais tarde, em terapia, ela relembra a cena. Afirma que, diante da promoção, sentiu um medo arrebatador. Quando questionada sobre o motivo do medo, ela verbaliza: medo de as coisas darem certo. A terapeuta, então, lhe passa uma lição de casa: ao voltar para casa, ela deve se perguntar por que tem medo que as coisas deem certo. Quando conseguir responder, vai repetir a mesma pergunta. Ao lavar a louça, horas mais tarde, ela chega à resposta: "Tenho medo de que as coisas deem certo, pois tenho medo de as pessoas me acharem soberba". Então, seguindo a orientação da terapeuta, ela repete a pergunta: "Se as pessoas me acharem soberba, por que isso é um problema?".

Criada em família religiosa, Paula não demora muito para ter a resposta: porque soberba é pecado. Por fim, ela aprofunda o questionamento: "Por que esse pecado é ruim?". Em choque, ela percebe a resposta: "Porque quem é soberbo não entra no Reino dos Céus. E, se eu não entrar no Reino dos Céus, nunca mais vou ver o meu avô". Cortante e duro como um bom *insight*, Paula chegou ao centro do novelo de lã, ou seja, ao centro do medo. O medo do

MEDO DE DAR CERTO

sucesso, no caso dela, não se referia a ocupar um lugar novo e, sim, ao medo de se perder na soberba e nunca mais ver a pessoa que ela mais amava no mundo.

Não importa o que as outras pessoas venham a falar sobre nossas crenças e nossos medos, o que nos paralisa é aquilo em que acreditamos. Se um vizinho de Paula tentar resolver o medo de dar certo dela, levando em conta a própria história de superação, provavelmente haverá uma falha miserável. Porque o centro de cada novelo de lã é tão único quanto todos nós. Se não sabemos qual é o medo escondido dentro do nosso próprio medo, é como tentarmos consertar um controle remoto quebrado trocando só a pilha. Não funciona. Conhecer a nossa história é o que nos libertará.

Quando chegamos ao núcleo do medo, sentimos uma imediata sensação de alívio. Isso acontece porque não estamos mais lidando com o desconhecido e porque, no lugar de lutar contra a própria fragilidade, a compreendemos. Entender por que aquilo nos toca tanto é o que nos permite encontrar estratégias para saber lidar. Na história de Paula, o que ajuda a lidar com o medo do sucesso não é olhar para o medo de as coisas darem certo, mas se aproximar do medo de perder o reencontro com o avô. Não importa o quanto pareça pequeno, insignificante ou sem sentido para outras pessoas. Isso é importante para Paula, tanto que foi capaz de fazê-la desistir de algo muito grande. É desse lugar que ela tem de partir.

Sem olhar para o centro do nosso medo, vamos repetir comportamentos que nos levarão para longe dos nossos sonhos. Somos indivíduos complexos e contraditórios. A única forma de entender o tamanho disso e não ser engolido é analisar a situação, assim como o faz o sr. Antônio, que é o personagem da nossa próxima história, de que eu, particularmente, gosto muito.

Uma grande empresa petroleira operava em alto-mar. Todos os dias, gastava-se muito dinheiro para manter a estrutura em pé, com mais de quinhentos funcionários e máquinas que valiam milhões. No entanto, um dia, as luzes do navio se apagaram e, com isso, as grandes estruturas metálicas pararam de funcionar, os avisos sonoros começaram a disparar e o medo tomou conta. Sem o funcionamento do navio, todos morreriam.

> A "dinâmica do por que" exige tempo e paciência. É preciso lançar a pergunta e confiar no nosso corpo, porque ele trará a resposta. Diante do medo, se pergunte: "Por que estou com medo disso?". Quando entender o motivo, anote e repita o porquê.

Chamaram às pressas os engenheiros. Pediram que fizessem uma varredura em tudo e apontassem onde estava o problema. Os homens se dividiram e investigaram todos os cantos do navio, fizeram planilhas, relatórios e memorandos com possíveis falhas na embarcação. Testaram várias técnicas, colocaram em prática todos os seus conhecimentos, mas, por fim, ninguém conseguiu resolver. Vieram, então, os analistas, que pensaram em aspectos que ninguém tinha avaliado antes, fizeram cálculos, leram as linhas miúdas dos manuais, mas não obtiveram nada.

Quando já não havia saída, alguém mencionou o sr. Antônio, um senhor que vivia com uma maletinha. Ali dentro tinha um martelo, uma chave de fenda e um serrote. Mandaram um pequeno barco para buscar o sr. Antônio. Ele andou por todos os espaços do navio, analisou a popa, olhou com atenção a meia-nau e, por fim, parou na proa. Agachou-se, ajeitou os óculos, abriu uma maletinha, tirou de lá uma chave de fenda e apertou um parafuso. No mesmo instante, todas as luzes se acenderam e um som estridente tomou conta do navio. Todas as máquinas ligaram de uma vez. Sr. Antônio tinha resolvido o problema. Ainda incrédulos com a habilidade daquele senhor, eles o chamaram na sala do capitão e pediram que assinasse um cheque com o valor dos serviços. Assim que viu os números escritos pelo senhor, o oficial náutico levou um susto. "O senhor está cobrando 10 mil reais por cinco minutos de serviço, sr. Antônio? O senhor apenas apertou um parafuso", ao que sr. Antônio respondeu: "Apertar um parafuso é um real. E saber qual parafuso apertar é R$ 9.999". É só quando encontramos o nosso "parafuso solto" que podemos agir.

Há, no entanto, algo que precisa ser dito. A "dinâmica do por que" exige tempo e paciência. É preciso lançar a pergunta e confiar no nosso corpo, porque ele trará a resposta. Diante do medo, se pergunte: "Por que estou com medo disso?". Quando entender o motivo, anote e repita o porquê. Puxe um pouco mais o novelo. No momento que estiver tranquilo, pensando na lista do supermercado, no banho do cachorro, na organização da gaveta da sala ou no resultado do futebol, você será invadido por um pensamento que lhe fará entender mais uma camada, até entender o centro do novelo. Mas e quando não temos esse tempo?

O que de pior pode acontecer?

Cuidar do nosso processo de autoconhecimento é como cuidar de uma casa. Quanto mais em ordem as coisas estão, mais fácil fica de morar naquele espaço. Isso não significa eliminar de vez e para sempre toda a bagunça e, sim, saber onde estão as rachaduras, os vazamentos e as fragilidades estruturais da casa. Quanto mais conhecemos algo, maior a chance de não sermos surpreendidos negativamente.

Se você já tem algum nível de autoconhecimento em relação ao seu medo de dar certo, talvez a dinâmica do por que seja mais fácil e o leve mais rapidamente a alguma resposta.

Por outro lado, se você está conhecendo mais desse medo agora — talvez precise de uma outra ferramenta. Ela também pode ser útil para os momentos em que não temos um tempo ideal para pensar ou em instantes em que desafios nos soterram de medo e de angústia, impedindo o próximo passo. É quando o e-mail apita com um convite cuja resposta precisa ser dada, no máximo, até o dia seguinte. Ou quando somos chamados na sala do chefe e a promoção precisa ser aceita naquele momento ou será passada para o próximo disponível. Ou ainda a empresa em que sonhamos trabalhar precisa ocupar uma vaga e você tem apenas 48 horas para aceitá-la.

Nós tentamos fazer a dinâmica do por que ao questionarmos o motivo do medo, mas parece que o novelo de lã está enroscado. Não conseguimos puxar nem avançar. O que sobra, então, é um "não" rápido, defensivo e assustado. Já passei por isso muitas vezes. Tentava me perguntar, mas estava tão assustada com o próprio medo que não conseguia abrir espaço para perguntas. Nos casos em que o tempo é curto ou em que o medo é muito grande, gosto de fazer outro exercício: o jogo do "o que de pior pode acontecer?". É uma estratégia que traz previsibilidade a um cenário em que estamos inseguros e amedrontados.

Não faz muito tempo desde a primeira vez que me lembro de ter levado esse jogo a sério. Eu procurava uma roupa entre as araras de uma loja. Eu não sabia exatamente o que estava procurando. Só queria que fosse algo especial porque, em dois dias, eu participaria de um programa do qual eu sonhava em participar há tempos. Mesmo que eu andasse confiante pelos corredores, por dentro estava assombrada. Um pensamento insistente não parava de martelar a minha cabeça: *Queriam chamar outra pessoa, mas, como ela não pôde ir, me chamaram.*

Não fazia o menor sentido. O convite fora feito dois meses antes, tempo suficiente para eu conseguir manejar a agenda e aceitar. Mas é isso que o medo faz, fecha a realidade em um ponto e declara que é a verdade. Engajada nessa ideia, esqueci que era

MEDO DE DAR CERTO

só um pensamento. Cheguei em casa com a roupa nova e a nítida sensação de que aquilo era real. Fui tomar banho, na tentativa de limpar a angústia. Não deu certo — não teria como dar —, mas algo aconteceu.

Eu me dei conta de que aquilo era só uma expressão chata e insistente do medo de dar certo. Pensar que só tinham me chamado para cobrir a ausência de outra pessoa era uma forma de invalidar o meu merecimento. Era uma tentativa inconsciente de escapar do lugar de destaque. Fingir que eu não tinha sido, de fato, a primeira escolha tirava de mim a responsabilidade de manter aquele lugar. Eu podia agir apenas como substituta, uma pessoa de quem ninguém esperava muito, alguém que não tinha expectativas projetadas. Ser escolhido pode ser assustador às vezes.

Chegou o dia da entrevista. Dois dias não foram suficientes para eu controlar o medo de dar certo. Entrei no carro com as costas e testa suadas. Respirei fundo quatro vezes. Antes de dar partida no carro, admiti em voz alta: "Estou com medo". E me perguntei por quê, como se me dirigisse a outra pessoa. Meu corpo estava tão tomado pelo sentimento que não consegui responder objetivamente.

Por instinto, peguei o celular e abri o bloco de notas. Escrevi três perguntas:

Qual é o pior cenário que pode acontecer? O mais temido?

Qual é o cenário razoável? Aquele que não é o melhor, mas também não é o pior?

Qual é o cenário bom? Aquele que eu gostaria que acontecesse?

O jogo do "o que de pior pode acontecer?" me faz imaginar quais são as piores coisas que podem, de fato, acontecer. Por incrível que pareça, é libertador, porque lhe dá previsibilidade, que é exatamente a coisa que o medo tira. Trazer para a consciência o cenário mais temido pode nos preparar para o pior. No meu bloco de notas escrevi:

Pergunta um: qual é o pior cenário que pode acontecer? O mais temido?

Eu dando respostas boas e honrando meu conhecimento e a apresentadora ou o público me acharem arrogante. Ou me dar um branco e eu esquecer o que ia falar na hora de responder, e acharem que era melhor ter chamado outra pessoa.

Pergunta dois: qual é o cenário razoável? Aquele que não é o melhor, mas também não é o pior?

Eu não conseguir me expressar do jeito que sei ser capaz e eu sair de lá com a sensação de que podia ter dado mais.

Pergunta três: qual é o cenário bom, aquele que eu gostaria que acontecesse?

Estou presente na entrevista e me sinto conectada com a apresentadora. Sei que não sou a melhor pessoa do mundo, mas fui a escolha para aquele momento e honro isso. Sou capaz de dar o meu melhor para aquele momento. As pessoas percebem isso e amam o resultado.

É possível que a nossa cabeça ansiosa pense em muito mais do que três cenários. Se tiver tempo, escreva sobre todos eles. Se não tiver, se concentre nos três mais prováveis. Por exemplo, um dos cenários que sempre aparece na minha cabeça nesse momento é que a minha roupa vai rasgar no meio da entrevista. Ou que obedeço a um pensamento intrusivo e xingo a apresentadora ao vivo (nossa cabeça é uma loucura, né?).

Essas coisas podem acontecer? Até podem, mas a probabilidade é praticamente remota. Não ajuda muito pensar nelas. De zero a dez, pense nos medos que você acha que têm chance maior de acontecer e escreva sobre eles. Só de olhar com mais cautela, você verá muitos desaparecerem.

MEDO DE DAR CERTO

Gosto desse jogo porque ele sempre me ajuda a dar nome aos meus medos e também porque funciona como uma peneira. Nesse dia, por exemplo, me dei conta de que parte dos meus medos tinha a ver com coisas que não estavam sob meu controle: o pensamento dos outros. O medo nascia da incapacidade de decidir o que as outras pessoas pensariam de mim. Ao me dar conta disso, senti alívio, porque foi como perceber que havia pontos ali, naquela sensação, que não eram mais sobre mim. E parar de olhar para esses pontos que não são sobre mim me deixa livre para pensar naquilo que é.

Mas há outro aspecto interessante que esse jogo mostra: às vezes sentimos medo de as pessoas nos olharem como nós o fazemos. Às vezes temos medo de as pessoas confirmarem o que nós mesmos pensamos de nós. O meu medo de parecer arrogante era exatamente isso. Eu projetava nas pessoas o que eu mesma tinha medo de achar de mim.

Diferenciar o que é julgamento nosso e o que é o julgamento do outro é fundamental para desmistificar o medo do sucesso. Foi isso que fiz naquele dia, no carro. Ainda sem sair da garagem, repeti para mim mesma: "a minha função não é controlar o que as pessoas vão pensar, nem adivinhar o que esperam de mim nem deduzir suas opiniões sobre o que estão achando do meu desempenho. A minha função é dirigir até o estúdio, me sentar na poltrona, estar presente e responder às perguntas do jeito que souber no momento. Qualquer ideia que eu tenha sobre o pensamento dos outros sobre mim é pura dedução". Repetir para nós mesmos o que é a nossa função e o que não é nos ajuda a ficar só com o que é nosso. A sensação é de estar inteiro, não fragmentado. Foi isso que me permitiu sair do estúdio com a sensação de que tinha feito o meu melhor. Ainda lidei com a insegurança de parecer arrogante nas semanas seguintes. O programa seria editado e, nesse intervalo, muitas vezes revisitei mentalmente as minhas respostas.

Para acalmar a ansiedade, passava de novo a peneira nas emoções. Separava o que tinha sido o meu desempenho da possível opinião que as pessoas poderiam ter dele. E lembrava: o que pensarão diz respeito à história delas, e não a mim. Também repetia: "Ninguém está me acusando de nada. Ninguém está pensando tanto em mim quanto eu mesma. Fui lá porque elas me escolheram. Isso significa que fui escolhida com tudo que sou. Inclusive com as falhas".

Quando a entrevista foi divulgada, me dei conta de que o melhor cenário tinha acontecido. Eu estava presente e conectada. As pessoas parecem ter percebido isso e amaram o conteúdo. Muitas pessoas que hoje admiram meu trabalho me conheceram por meio daquela entrevista. Mas veja: nenhuma pessoa mencionaria essa entrevista em um livro — não do jeito que estou fazendo porque, no fundo, isso diz respeito à minha história. O que elas sentiram, acharam, pensaram ou entenderam ao me ver ali diz respeito a elas.

Povoe o seu inconsciente

Ao longo do tempo entendi que, se queremos fazer alguma coisa, precisamos acreditar não só que aquilo é possível, mas que nós podemos fazê-lo. É preciso se ver fazendo aquilo. Eu não me via sendo a melhor no campeonato de natação com todas as escolas do bairro. Nem achava que isso era possível.

Quando as coisas simplesmente caminharam para esse lugar, o pânico me acometeu e recuei. Não conseguia aceitar que aquele lugar, o mais alto, poderia ser meu. Eu me achei uma intrusa na minha própria vitória.

Uma vez, durante uma entrevista sobre o medo de dar certo, dividi o palco com a cantora Letícia Letrux. A ideia era falarmos sobre as nossas próprias experiências com o medo de dar certo e compartilhar o que aprendemos, enquanto tentamos não sucumbir a ele. Letícia falou que uma das coisas que gosta muito de fazer é assistir a entrevistas de mulheres mais velhas. Ver as formas com que essas artistas lidaram com os próprios monstros ajudaram-na a lidar com os seus. Isso a inspira a acreditar que é possível.

Achei maravilhoso o relato. Ao escutar pessoas que já passaram por isso, tornamos familiar algo que era desconhecido. Criamos referências de que *dá para atravessar esse medo sem morrer, se desintegrar ou desaparecer*. Temos a chance de acreditar que, se essas pessoas conseguiram, também vamos conseguir. Ou podemos, ao menos, tentar. Ouvir outras pessoas falarem de seus medos e da forma com que lidam com eles nos ajuda a enxergar um caminho e sentir que não estamos sós.

Abrir-se com pessoas de confiança também é uma forma de ser capaz de colocar esse monstro na luz. Ao conseguir tratar do assunto, podemos descobrir que nossos pares românticos, amigos e familiares já passaram pelas mesmas experiências. O silêncio nos fazia acreditar que éramos só nós. Ouvir outras histórias e escutar como as outras pessoas atravessaram o mesmo medo ajuda a romper o plástico filme que encapa a vergonha e, assim, faz com que respiremos mais em paz.

Sempre que possível, povoe o seu inconsciente de imagens de pessoas que fazem aquilo que você deseja fazer. Pergunte como fizeram, veja entrevistas, leia livros inspiradores e se imagine naquele lugar. Quanto mais informações positivas tiver, mais familiar esse lugar se tornará para você.

> Ao longo do tempo entendi que, se queremos fazer alguma coisa, precisamos acreditar não só que aquilo é possível, mas que nós podemos fazê-lo. É preciso se ver fazendo aquilo.

Relembre o que já fez

Do mesmo jeito que é importante ouvir outras pessoas e descobrir quais foram as estratégias usadas para lidar com o medo de dar certo, ouvir a própria história pode ser um caminho importante.

A psicóloga Vanessa Pérola diz que relembrar as nossas conquistas é uma espécie de lanterna que pode ser usada quando a insegurança e a dúvida nos abatem com o medo de dar certo. Diante do novo, podemos buscar em nossa mente situações desafiadoras que já vivenciamos e recorrer ao que aprendemos com elas.

Para fazer esse exercício, a psicóloga sugere se lembrar de situações desafiadoras que já passamos e recordar qual foi a estratégia que usamos para atravessá-las. Ter em mente que já fomos capazes de lidar com o novo e com o desconhecido em situações iguais ou semelhantes traz à memória que podemos repetir aquilo também no presente.

Criando esse reservatório

Para que criemos esse reservatório de memórias que nos ajuda a atravessar o medo de dar certo precisamos celebrar as nossas vitórias, sejam grandes ou pequenas. Toda vez que conseguir sustentar o corpo e não fugir da felicidade isso ajudará a colocar à luz o monstro do medo de dar certo.

No consultório, Vanessa sempre pergunta aos pacientes o que sentiram quando coisas boas aconteceram. Muitos não lembram com precisão se foram invadidos por alegria, paz ou adrenalina. O contrário acontece quando a pergunta é sobre memórias negativas. Há quem se lembre do perfume, da cor da blusa que usava, do horário em que a situação aconteceu. É como se cimentássemos o medo em nossa mente, e não a alegria. Vanessa propõe o contrário: celebrar as conquistas porque, em vez de ativar o sistema de ameaça, ativamos o sistema de recompensa quando vivemos algo bom. E se há sensação de recompensa, a tendência é querermos mais. Celebrar nossas pequenas e grandes conquistas nos ajuda a perder o medo de conquistar.

Registre suas conquistas

Nesse contexto, vale ter um caderno para registrar suas conquistas ou um potinho onde guardar bilhetes contendo as vitórias — porque às vezes você tem a sensação de que teve "um ano horrível", mas só os últimos três meses foram mais difíceis. Quando se pensa no ano, mês a mês, ou conquista a conquista, você tem outra percepção.

Uma história que a psicóloga Vanessa conta é que uma paciente, certa vez, a procurou com a percepção de que o ano em que estavam havia sido perdido. Colaborava para essa sensação o fato de que a paciente havia passado por uma questão particularmente difícil nos últimos tempos. Foi então que Vanessa resgatou fatos positivos que tinham acontecido naquele ano: ela havia passado na OAB, dado um salto na terapia e iniciado várias atividades novas.

Quando foi lembrada disso, a paciente conseguiu perceber que estava sendo injusta consigo. Mas nem sempre podemos contar com uma memória externa, por isso a importância de termos esses registros.

Celebrar para perder o medo da escassez

Celebrar é um jeito de reconhecer que se está em um novo lugar, uma forma de marcar um avanço, dizer para si e para os outros que você mudou, alcançou e conquistou. Mas, para algumas pessoas, a celebração faz emergir um medo: o de perder tudo. É como se o pensamento que as acomete fosse: "Se eu negar que avancei, se eu fingir que não conquistei, não vou sofrer quando perder isso, que é tão importante para mim". Fingir que não aconteceu é uma forma de evitar um suposto e futuro sofrimento.

Mas se não celebrarmos, não registramos em nosso corpo e nossa mente que isso aconteceu. Celebrar é uma forma de registrar. Quando registro, gravo no meu repertório que sou capaz de lidar com aquilo — inclusive com o que acontecer depois. Criar repertório passa por processar as coisas boas que acontecem, sejam elas pequenininhas ou imensas.

9

O que acontece quando começamos a enfrentar esse medo?

Você dá conta

Só lidamos com o medo quando o entendemos e o enfrentamos. Diante de uma circunstância que faz suar as mãos e congelar o estômago, é preciso se perguntar: medo de quê? Medo da exposição que esse convite vai me levar? Medo de ser o centro das atenções? Medo de o projeto crescer e você não dar conta de todos os convites e as expectativas? A pergunta seguinte é: caso isso aconteça, o que você pode fazer?

Mapear o medo e traçar uma linha de ação, caso ele se concretize, faz com que diminuamos a tensão que nos paralisa. É uma forma de sair da imaginação e se conectar com a realidade. É como quando alguém morre de medo de se entregar a um relacionamento por medo de a pessoa ir embora. Perguntar-se como lidar com a situação, caso aconteça, pode trazer um senso de capacidade e fornecer algum nível de controle.

...

Sempre gostei de me desafiar na minha vida profissional. Isso fez com que eu dissesse "sim" a muitas oportunidades, mesmo quando já tinha estabilidade, segurança e um salário legal. Mas certa vez o medo do futuro me assombrou. Eu trabalhava em uma empresa como jornalista. Tinha reconhecimento dos meus chefes, boas relações com os pares, remuneração recém-aumentada — a maior que eu tinha ganhado até então. Em outras palavras, estava tudo certo.

Um dia, recebi uma mensagem de um amigo que trabalhava em outra empresa e me contava sobre uma vaga aberta para o cargo de editora. Ele queria me indicar, mas antes queria saber se eu tinha interesse. Disse que sim. Fui ouvir a proposta e não tinha nada de muito diferente do que eu já tinha, exceto por uma coisa: uma função que eu nunca tinha feito e que traria desafios diferentes do que eu tinha vivido até ali. Para mim, a resposta era óbvia. Mas um pensamento me atormentava: "E se eu não fizer bem a função e me mandarem embora?". A resposta "é só procurar outro emprego" parecia óbvia, mas não era o suficiente para mim. Na sequência, outra insegurança vinha à tona: "E se todas as empresas do segmento já tiverem com as vagas preenchidas?".

O que me fez sair dessa espiral foi me perguntar: "Se isso acontecer, qual é o outro caminho?". A resposta veio quase automaticamente: "Se eu for mandada embora e não conseguir outra vaga na área, não tem problema, porque não tenho medo de trabalhar. Posso conseguir uma vaga em qualquer outra área, porque sei que posso aprender". Junto a esse pensamento, me veio à memória um momento em que fiz exatamente isso.

Eu estava em um estágio de que gostava muito, trabalhando em uma grande emissora de televisão. Desde que tinha entrado lá, sabia que a chance de ser efetivada era quase nula, mas, mesmo assim, criei esperança de que algo mudasse. Quando terminei a faculdade, meu chefe me comunicou que, infelizmente, teria de me desligar. Ele tinha tentado de tudo, mas de fato não havia vagas. Tentei me realocar em outras emissoras, mas todas estavam com o quadro de funcionários preenchidos. Até que vi uma oportunidade em uma empresa de comunicação. Eu admirava o trabalho deles

MEDO DE DAR CERTO

e seria um sonho trabalhar ali. Mas a vaga em questão não era na redação, onde os jornalistas trabalham, mas na área de construção de sites. Queriam uma pessoa para programar os conteúdos que entrariam no ar. Algo mais automático e menos criativo do que eu gostaria, mas, honestamente, não me importei. Precisava da grana e entraria na empresa de comunicação dos meus sonhos.

Acabou sendo, sem querer, uma espécie de descanso. O clima era tranquilo e eu trabalhava só de segunda-feira a sexta-feira, algo que não fazia há anos. Em empregos anteriores, sempre havia plantões aos fins de semana. Quando já começava a sentir falta da adrenalina, encontrei outro emprego, na redação de uma emissora de rádio, braço de um grande jornal. Fiquei lá por dois anos, quando saí para voltar para a televisão. Foi um período de aprendizado intenso.

Investigar a própria história é um exercício interessante. Traz à memória situações que já vivemos e faz você se lembrar: "Já passei por isso, dou conta". Na época de medo e insegurança, essa lembrança foi uma injeção de confiança para mim. Foi quando me dei conta de que, por mais incerto que fosse o futuro, eu poderia confiar na minha capacidade de encontrar outro caminho. E eu daria conta.

Entender que o medo é uma emoção, não a sua identidade

O medo é capaz de nos paralisar. Mas, mesmo assim, ele segue sendo uma emoção — genuína e universal — e não a nossa identidade. Não somos o medo e, sim, sentimos medo. Fazer essa distinção é importante porque dá chance de entender o que pensamos e sentimos e não rouba aquilo que somos. Ter medo não é demérito nem uma prova de que não merecemos algo ou um lembrete de que não deveríamos ocupar certos lugares. É apenas uma reação natural a situações desafiadoras. Apenas isso.

O medo pode fazer com que nos comportemos de maneiras que não nos dão orgulho: por causa do medo, podemos nos sentir paralisados, fugir, hipercompensar ou até nos conformar. Podemos precisar de mais tempo do que gostaríamos de admitir até aprendermos outras formas de lidar com adversidades. Mas isso continua sendo um comportamento, uma reação, e não a nossa identidade. Internalizar que sentimos e agimos de maneiras não admiráveis às vezes, mas sabendo que isso não é o que somos, ajuda a não se cristalizar no medo, a não se enrijecer.

Talvez não seja autossabotagem

Todo mundo já sentiu que estava sabotando algo importante por medo. Medo de não conseguir ou de conseguir, medo de conseguir e não conseguir sustentar, medo do julgamento, da abundância, da escassez. Todo mundo já colocou, pelo menos uma vez na vida, um obstáculo no próprio caminho por medo. A maioria de nós também já chamou isso de autossabotagem. Um conceito que aprendemos nos últimos anos e que nos deu repertório para identificar comportamentos praticados, muitas vezes, de forma inconsciente.

Ao nomearmos comportamentos, damos forma e contorno a algo que parecia oculto. Como se fôssemos assombrados por algo invisível, sem saber o que é e de onde vem, e ao nomear conseguíssemos entendê-lo. Junto a esse aprendizado, também entendemos que autossabotagem não faz bem, que é algo a ser *enfrentado*, até ser resolvido. Até concordo com esse pensamento ao entender que a autossabotagem, muitas vezes, é algo que nos atrapalha viver.

Mas acho também que, muitas vezes, a ideia de enfrentamento lida só com uma parte do problema. Comecei a me dar conta disso quando entendi que não existe autossabotagem sem uma tentativa de autoproteção. Quando analiso a fundo as minhas autossabotagens, sempre percebo uma estratégia inconsciente de me fazer parar diante de algo que acho que não dou conta. O adiamento não é da tarefa, da entrevista, do livro, mas da sensação de fracasso, de incapacidade, de medo, de ansiedade. Brigar com a minha autossabotagem ou exigir que desapareça, sem entender o que está me sinalizando, é a mesma coisa que brigar com o meu cachorro, que está latindo para a porta porque acha que isso vai me proteger do elevador. É violento e ineficaz.

Certa vez, recebi um convite para participar de uma roda de conversa. O público estimado era de trezentas pessoas, o que, para mim, à época, era o maior para o qual já tinha sido convidada. Assim que o celular apitou, peguei o aparelho despretensiosamente. Ao ler a mensagem, meu corpo inteiro travou. Pensei: *Não vou de jeito nenhum*. Então, larguei o celular, dizendo que responderia depois. Quem sabe, só lembraria da mensagem dias depois do evento. Mas minha namorada, Amanda, que cozinhava ali perto, me perguntou: "Quem é?". Contei sobre o convite, ao que ela perguntou: "Mas por que não?". E eu disse: "Porque quero colocar um pé no freio no trabalho. Tô com muita coisa". Amanda rebateu: "Mas você vai frear nesse convite? Freia depois. Natália, é incrível". Eu sabia que era, e sabia também que ir ao evento não me impedia de diminuir o ritmo em outros compromissos. Era só medo mesmo. Medo, puro e simples.

Me apegar a um empecilho que nem existia de verdade era o que me impedia de encarar a realidade. Entendi o que estava acontecendo e, certo dia, trancada no quarto, fechei os olhos e me perguntei: "Autossabotagem, do que você quer me proteger?". Entendi que estava com medo do palco. Medo de ocupar um lugar grande, com as luzes voltadas para mim. Medo de dar certo. Passamos tanto tempo nos bastidores, se escondendo de nós mesmos, que quando chega a hora de brilhar, recuamos e recusamos.

Mas, dessa vez, não recusei. No lugar de enfrentar a autossabotagem, como se estivesse em uma luta, me abri para entendê-la. Fui ao encontro dela com curiosidade. Quando identifiquei o medo real, compreendi que nada de irreparável poderia acontecer caso eu aceitasse. Aceitei, o evento foi incrível e me deixou de presente esse aprendizado: se entendermos do que a autossabotagem quer nos proteger, dá para cuidarmos da autossabotagem. E, quando percebermos, já teremos enfrentado, e sem tanta dor, frustração e luta.

Uma decisão objetiva

Se essa parte da minha vida fosse um filme, ela seria bem sem graça, porque foi isso: o que me fez dar o primeiro passo para sair da lama que é o medo de dar certo foi uma decisão objetiva. Depois de anos fugindo, simplesmente decidi que queria fazer algo diferente. Tipo uma conta matemática em que se almeja alcançar a felicidade, mas o resultado é sempre frustração, cansaço e mesmice.

Foi nesse espírito que fiz a virada. Como uma professora que olha uma prova pela milésima vez e a corrige. Não houve um grande acontecimento nem um momento de grande iluminação: apenas percebi que era chata demais a dinâmica que eu mesma tinha criado para mim. Chegava um convite para uma palestra, uma roda de conversa ou uma entrevista, e eu suava frio intensamente, como se estivesse escondida no fundo de uma caverna por anos e alguém tivesse entrado, apontando uma lanterna na minha cara, e dissesse: "Encontrei você!".

Ao mesmo tempo que eu amava ter sido encontrada naquele lugar escuro e escondido, eu odiava isso, porque sabia que teria que responder àquele convite. Por ser educada, eu sempre respondia, mas a resposta era basicamente a melhor desculpa que eu conseguia inventar na hora. E escapar não gerava alívio. Na verdade, era um momento cansativo. Depois de algumas experiências em que a pessoa que fez o convite deu uma solução para o meu problema inventado, me dei conta de que não dava para falar qualquer coisa. Na verdade, eu nunca conseguia falar qualquer coisa, porque estava sempre preocupada, pensando que a pessoa sabia ser mentira, então eu tentava mentir melhor, o suficiente para me fazer escapar, mas ao mesmo tempo que me fizesse parecer verdadeira.

Depois de fornecer a resposta, o estresse continuava, porque eu ficava imaginando o que a pessoa estava pensando e na oportunidade que estava perdendo. Demorava dias para me perdoar por não ter dado conta mais uma vez. Tão fortemente quanto aprendi a me defender daquilo que representava novidade — e que poderia dar certo —, decidi que começaria a dizer "sim". Um dia saí da terapia dizendo isso em voz alta. Parecia uma promessa à terapeuta, mas, na verdade, a promessa era para mim mesma.

Eu estava cansada, não só de recusar, mas de ocupar as sessões de análise com histórias que poderiam se concretizar e que não saíam dos planos porque eu não deixava que saíssem. Tinha a sensação de que estava enlutada por algo que nem sequer tinha nascido. "Daqui para a frente", eu disse naquela tarde, "vai ser diferente. Vou dizer sim e ver o que acontece". Três semanas depois, o e-mail apitou com um convite. Só podia ser uma brincadeira da vida.

Eu posso fazer isso? Eu posso fazer isso!

Era um convite para entrevistar duas pessoas cujo trabalho eu gosto muito. Mas não era qualquer entrevista: a ideia é que eu iria até o outro extremo da cidade, entraria em um estúdio cheio de câmeras e teria de conduzir, por uma hora, uma conversa interessante o bastante para que as pessoas quisessem ver até o fim, assistindo pela internet — esse lugar em que qualquer coisa, *qualquer coisa mesmo*, rouba a nossa atenção. Fora isso, uma das entrevistadas era uma escritora de longa data que eu sonhava há anos conhecer. Sabe aquela coisa de encontrar a pessoa na padaria e dar só um bom-dia? Então, valia. Mas aquele convite era mais do que isso; era um teste da vida dizendo: "Aquela promessa ainda está de pé?".

Eu trabalhava em uma emissora de televisão quando o meu e-mail apitou com aquela mensagem. Eram quase sete horas da noite, e eu estava voltando triunfante para a minha mesa com um copo de café pelando. Então, dei o primeiro gole. Foi o último. Ao me deparar com o e-mail, uma náusea invadiu o meu corpo, junto com uma onda de frio. Imediatamente esqueci a promessa que tinha feito e comecei a escrever uma desculpa bem elaborada, alegando que, não fosse por isso, eu com certeza toparia, mas não consegui redigir a resposta até o fim. Apaguei a frase antes de terminar, me levantei para tomar um ar e, quando voltei, disse "sim".

Quinze dias separaram o meu e-mail com um sim daquele momento em que eu ia entrar no carro, atravessar a cidade e entrar naquele estúdio. Aquilo era tão assustador que nos primeiros dias dessa quinzena lidei com o assunto como se devesse para o banco: "Quando aparecerem para me cobrar, vejo o que faço". Só fiquei preocupada de verdade quando, por um descuido, vi o nome do evento marcado na agenda. Faltavam sete dias. Dali em diante comecei a decorar tudo. Preparei um pequeno parágrafo em que eu apresentava o evento, as entrevistadas e fazia a primeira pergunta. Escrevi e reli o mesmo texto milhares de vezes. Não tinha medo só de esquecer, mas também de esquecer como se fala. Estava apavorada, e quanto mais apavorada, mais errava, mais me enrolava, mais me obrigava a recomeçar tudo. Algo, no entanto, muito similar a uma vozinha fraca e fina não parava de falar: "Você consegue".

Uma confiança se apossou de mim nos últimos dias antes da entrevista, como se tivesse encontrado um outro tipo de coragem, aquela que se apresenta quando você decide ir até o fim, pronta para lidar com o quer que esteja do outro lado. Vivi dias ótimos desse jeito. Falava de cabeça o texto decorado e, como recompensa, minha namorada dizia: "Você é ótima, você é realmente ótima, muito boa no que faz". Era tudo o que eu precisava ouvir, não porque duvidasse do meu valor àquela altura, mas porque frases assim comprovavam que eu estava fazendo bem o que era para eu fazer.

Faltavam só três dias quando repeti o texto que eu tinha deco-rado mais uma vez. Foi a última vez que o li, dando por resolvida aquela parte. Mais tarde, eu ia descobrir que a pior coisa que se

MEDO DE DAR CERTO

pode fazer quando se quer decorar um texto é de fato decorar o texto, porque a memória se estabelece por associação e conexão, como se uma palavra tivesse sido costurada à outra. O problema é: ao esquecer uma palavra, todas as outras se soltam em cadeia, como uma linha que escapa de uma colcha de retalhos.

Eu me troquei no banheiro do trabalho antes de ir ao local da entrevista. Minha chefe, que sabia que o meu podcast estava crescendo e torcia por mim, me liberou para entrar e sair mais cedo. Mesmo assim, decidi me trocar em um banheiro meio escondido, com medo de me verem mais arrumada que de costume. No carro, comecei a sentir que a ideia de decorar o texto talvez não tivesse sido boa. Entre os semáforos e as mudanças de faixa, eu ia repassando o texto na minha cabeça, à medida que lutava contra o nervosismo que molhava a minha camisa branca nas costas e deixava a temperatura do carro cinco graus acima do que de fato estava. Perto de chegar lá, senti meu estômago revirar. Estacionei o carro na frente da casa que abrigava o estúdio e abri o mapa no celular, à procura do mercado mais próximo, rezando em segredo para que desse tempo. O bairro era predominantemente residencial e estranhamente deserto. Por sorte, consegui encontrar, algumas ruas para baixo, o que eu procurava. Saí de lá com um suco de goiaba e um saco de biscoito de polvilho para segurar o estômago.

Fui encaminhada para a maquiagem, e logo depois entrei no estúdio. A equipe era acolhedora e o meu corpo foi relaxando aos poucos. Ao me sentar na cadeira de couro amarela na qual eu conduziria as entrevistas, já estava completamente à vontade. Então, as câmeras foram ligadas e, depois da segunda frase, meu nervosismo se instalou por completo e foi como se tivessem puxado a linha na qual todas as palavras estavam costuradas na minha cabeça. Esqueci metade do texto, mas, como não dava para fugir, improvisei e consegui lançar a primeira pergunta, jogando a bola para as entrevistadas. O resto fluiu.

Quando terminou, uma rodinha se formou à minha volta, dizendo em coro: "Você fala muito bem!". Saí do evento, naquele dia, com a sensação de ter mirado um abismo, enquanto uma ventania batia nas minhas costas, mas, pela primeira vez, me achei tão grande quanto o abismo. Achei que era capaz de lidar com ele, que ele não me engoliria.

Atravessar e seguir atravessando

Aprendi com a psicóloga Vanessa Pérola que na psicologia não se fala em cura da mesma forma que é dito na medicina. A cura, quando falamos de questões emocionais, compreende, muitas vezes, aprender a lidar com as situações, porque elas não vão deixar de existir. Todas as memórias acerca de determinada emoção seguem conosco. E podem aparecer de novo em situações semelhantes.

É um exercício consciente de aumentar e dar espaço à própria voz, diminuindo o volume das vozes internalizadas — aquelas que marcaram o nosso corpo —, lembrando que elas não detêm a verdade. Mas como fazer isso?

Não há estrada fora do processo de autoconhecimento. É preciso entender como a nossa família, o grupo de amigos e as parcerias funcionam — e também como nós funcionamos dentro desses relacionamentos. A compreensão vem por meio da observação. "Quando fazem algo, como eu respondo? Por que respondo assim? Quais são as respostas mais comuns ao medo de dar certo? Eu me conformo, dizendo que não vou dar conta? Ou compenso em demasia, fazendo tanto ao ponto de desistir por exaustão? Evito essas situações — deixando de responder e-mails, fugindo de compromissos importantes?"Fazer esse mapeamento de como são nossas ações e comportamentos traz nitidez sobre o que estamos buscando e de que estamos fugindo.

Um exemplo real: você esteve perto de realizar objetivos que desejava muito. Como reagiu? Como se comportou em cada situação? Há similaridades? Há diferenças? Se houver diferenças, por que foram diferentes? Descobrir a si é um exercício para toda a vida, sem linha de chegada. É preciso reconhecer medos, entendê-los, acolhê-los e atravessar. E, depois disso, seguir atravessando. Atravessar as situações nos dá repertório para dizer: "Já fui lá e sei como é. Não é mais tão desconhecido assim".

O caminho tortuoso para fora dessa lama

Se minha trajetória com o medo de dar certo fosse uma novela, um filme ou uma série, o último capítulo dela seria o meu sucesso ao conduzir aquela entrevista. Mas, como a vida não é um roteiro bem montado, mas a realidade em si, não foi isso que aconteceu.

Um ano depois, fui convidada para participar de um evento. Dessa vez, só pensei, de fato, no assunto um dia antes, quando precisava escolher a roupa que usaria. Estava confiante e achava que seria fácil, que tiraria de letra. O tema era fenômeno da impostora — quando você se sente uma farsa e que, a qualquer momento, será descoberta. O local do evento era amplo, como um galpão, e as cadeiras estavam todas preenchidas.

Enquanto outra palestrante falava no palco, a produtora me guiava por uma sequência de corredores, que a levariam a um camarim. Havia outras duas mulheres na sala pequena, em formato de L, e uma delas se aproximou me chamando pelo nome. Ela se apresentou como a mediadora que guiaria a mesa. Comentamos sobre o evento e então, empolgada, ela me perguntou como havia surgido o meu podcast, o *Para dar nome às coisas*.

Naturalmente, respondi que surgiu da minha sensação de que ninguém falava sobre fracasso. Era um incômodo que eu havia transformado em algo maior. Mal terminei a frase e percebi, na hora, que não era a resposta certa. Era verdadeira, mas não era a certa. A mulher acenou com a cabeça e finalizou o assunto com um "legal", emendando um comentário sobre o lugar estar cheio.

Assenti e a vi direcionar a atenção para a outra mulher presente na sala.

A outra mulher contou que tinha cursado moda, mas no momento queria investir tempo e dinheiro em outro negócio — algo que ninguém seria capaz de entender naquele momento, mas um dia a procurariam para atestar que era realmente inovador. Algo naquela fala — animada, futurista e misteriosa — me soou engraçado e eu dei uma risadinha simpática. Fui a única. Sem desviar o olhar da moça criativa, a mediadora instigou que ela seguisse falando do negócio. "Mas quanto vai custar? Quanto tempo vai levar?" Aquelas pessoas pareciam conectadas a uma realidade de vibração, alegria, avanço diferente, que não me era comum. Faziam um desvio natural dos incômodos e dificuldades da vida real, enquanto repetiam: "Não existe erro, existe aperfeiçoamento". "Se não deu certo, é porque você não tentou o suficiente". Naquele momento eu só conseguia pensar: "O que estou fazendo aqui?".

Quando me chamaram para subir ao palco, andei pelo mesmo labirinto de corredores, e me perguntava: *Onde eu estava com a cabeça ao aceitar vir aqui?* Naquele momento, só conseguia sentir e pensar a mesma coisa que um matemático sentiria e pensaria ao ser chamado para escrever uma poesia: *Vou frustrar vocês.* Uma escada de três degraus separava o palco do chão. Antes de alcançar o último degrau, me questionei: *Devo ser real ou ser o que acho que esperam de mim aqui?* Em um milésimo de segundo decidi: "Vou falar do meu lugar". Me sentindo culpada por aquilo, pedi mais desculpas do que deveria. Como se pedisse desculpas por terem de me ouvir. A entrevistada que dividia o lugar comigo soltou, ao mesmo tempo, uma frase que era o motivo da minha angústia: "Muitas de nós pedem desculpas por ocuparem o lugar para o qual foram chamadas". Talvez ela quisesse me ajudar, talvez só estivesse verbalizando sua percepção, mas me senti ainda mais constrangida. A confiança foi embora e a minha autoestima também.

MEDO DE DAR CERTO

E é exatamente assim. Quando seguimos em frente, mesmo com medo, tudo parece uma ameaça grande. Tendemos a nos sentir desprotegidos, expostos e vulneráveis, diante de qualquer interação que não pareça muito encaixada e perfeita. Saímos da paralisia e entramos na hipervigilância. Calculamos cada palavra, movimento e comportamento na tentativa de manter uma harmonia perfeita. Vemos o medo de dar certo se transformar na pressão para dar certo. O pensamento é: *Já que estou enfrentando o meu medo, já que estou me abrindo para que as coisas deem certo, preciso que elas fluam de um jeito bem-sucedido, porque agora estou fora da minha zona de conforto.*

É um processo cansativo, pois se retroalimenta. Depois de voltar para casa, fiquei pensando excessivamente em cada gesto e palavra, criando histórias em cima da realidade e, por isso, me distanciando muito dela. E fiz o que se faz nessa hora: passei a questionar toda a minha trajetória até ali. Passei meses sendo assaltada pela memória desse dia. E uso a palavra "assalto" propositalmente, porque a sensação é de que ela tinha me roubado a espontaneidade e a confiança.

Passaram-se meses assim até que entendi duas coisas que me ajudaram a olhar para essa experiência de outro modo: a primeira é que não se cura o medo do sucesso e, sim, se lida com ele, como se fosse uma doença crônica. Você controla, cuida, é um assunto que está no seu radar, mas sabe que pode precisar lidar com os sintomas vez ou outra, inclusive em momentos em que não gostaria de lidar.

A segunda é que a vontade de sair correndo, de se esconder, de achar que estragou tudo, *tudo isso é só mais uma faceta do medo*. Por trás dela, reside a ideia de que você não merece ocupar os lugares, sendo imperfeita e real. E isso faz com que queira sair correndo, abandonar tudo, se esconder de novo. Mas se formos capazes de insistir, ficar, mesmo que seja apavorante, vamos descobrir que só dá para dar certo se for com as nossas potências e imperfeições. Poder ser honesto o bastante consigo e com os outros, mostrando que é o melhor que temos, para mim é uma das melhores definições sobre "dar certo".

Estou fazendo algo errado?

Depois que decidi enfrentar o medo de dar certo, as coisas começaram a andar de outro jeito. É como se a vida esperasse a decisão e, quando a tomei, ela se decidiu também. Oportunidades começaram a surgir e comecei a dizer "sim" com a mesma prontidão com que antes eu dizia "não".

Em dado momento isso virou um problema. Dizia sim, sem saber ao certo por que tinha dito, se tinha sido apenas por hábito. Era, no entanto, um problema melhor com o qual lidar, porque ele simplesmente me colocava no jogo, em vez de me tirar dele. No começo eu estava tão envolvida e encantada com o fato de que simplesmente podia trilhar um caminho diferente, que os sintomas do medo de dar certo tinham se atenuado. Como uma febre controlada por remédios, continua lá, mas não faz muito estrago. A febre e a dor que acompanham o medo do sucesso ficaram fortes quando os resultados dos meus movimentos começaram a surgir de um jeito tão insistente e presente que, mesmo que eu quisesse, eu não conseguiria disfarçá-los.

Quando achei que tinha superado o medo de dar certo, passei a ser perseguida pela ideia de que estava fazendo algo errado em brilhar. Se uma amiga demorava para responder uma mensagem ou se alguém mudava de atitude comigo, eu rapidamente achava que era culpa do sucesso que eu estava fazendo. Não como se o meu sucesso fosse uma afronta ou motivo de inveja, mas como se eu estivesse fazendo algo errado e, por isso, fosse corrigida e punida. Para amenizar o impacto positivo do meu trabalho, passei a me fazer de desentendida.

MEDO DE DAR CERTO

Certa vez, durante o meu expediente de trabalho como jornalista, comentaram sobre o sucesso do meu podcast. Uma celebridade havia compartilhado um dos episódios com um texto de agradecimento e os acessos subiram exponencialmente. Aquilo chamou a atenção das pessoas com as quais trabalhava, que continuaram a comentar sobre o sucesso que eu estava fazendo. Como resposta, a única coisa que consegui dizer foi: "Não sei o que está acontecendo, mas estou adorando". Uma das jornalistas com quem trabalho, rebateu, dizendo: "Para de fazer a sonsa, Nat, seu podcast é ótimo". Me ofendi com o "sonsa", mas era verdade: se o medo do sucesso não me impedia mais de fazer o que eu queria, não me impedia de passar a vez para a pessoa de trás, como em uma fila de supermercado, agora ele se manifestava na tentativa de abafar cada dado real que evidenciava que eu tinha dado certo naquilo que tinha me proposto a fazer.

10

Agora que você já conhece o medo de dar certo, é hora de aprofundar ainda mais

Sonho profético

Em uma época em que o medo de dar certo parecia um assaltante que invadiu minha casa à noite, sonhei com uma criancinha bem pequena. Ela tinha o cabelo crespo e saía correndo em direção a um corredor que terminava em uma porta de vidro. A criança não via essa porta, batia de cara nela e caía de costas no chão. Imediatamente virava os olhos, tremendo, em uma nítida crise de convulsão.

Era uma imagem aterrorizante. Uma colega de trabalho com quem eu tinha afinidade se aproximava e encostava as mãos no braço da menina, enquanto outra pessoa, que eu não conhecia, agachava, assustada, e com as mãos nas canelas da menina, olhava a cena. Eu, que observava de fora, imóvel, gritava: "Segura a língua dela, segura a língua dela!".

Ela convulsionava e todo mundo próximo a ela só oferecia amparo, colocando as mãos nos braços e nas pernas da menina, sem fazer efetivamente nada para parar aquilo. Eu assistia à cena com muito medo de agir. Era medo de tomar uma providência e, nessa atitude, fazer algo significativo. Era medo de salvar a vida da menina. Em um ímpeto de coragem, abaixei e segurei a língua da menina, que não parava de enrolar. A minha mão tremia muito. Comecei a gritar pelos bombeiros com toda a minha força. Os outros só pousavam a mão no braço dela, nada mais. Os bombeiros chegaram quando eu estava segurando a língua dela, impedindo-a de se sufocar.

Um maço de macarrão começou sair da garganta da menina. Os bombeiros foram tirando, ao passo que continuei segurando a língua. Então, ela se levantou e saiu correndo no sentido contrário do corredor, na parte que estava livre. Foi quando percebi que ela tinha cabelos crespos — exatamente como os meus. Nessa hora, acordei. E percebi, sem dúvida, que a menininha era eu. E era eu quem tinha que salvar a menininha.

Uma carta de permissão

Anos atrás, eu estava trabalhando em um projeto que tinha um ciclo de *feedbacks* trimestral. Era o momento de os gestores acertarem os ponteiros e compartilharem expectativas para o próximo ciclo. Fazia mais ou menos nove meses que eu recebia o mesmo *feedback*: "Você é interessada, comprometida, propositiva e rápida, mas peca em uma coisa: esconde muito a sua voz". Também fazia nove meses que eu falava do mesmo assunto na terapia: compartilhava o que havia sido dito e logo embalava na minha dificuldade de atender àquela expectativa. Os chefes praticamente gritavam para eu assumir o meu lugar, as minhas opiniões e perspectivas, e eu seguia imóvel, ouvindo, mas sem conseguir dar um passo.

Certo dia, durante uma sessão em que me queixava sobre essa luta interna contra o meu próprio movimento, a terapeuta foi mais direta do que nunca: "Se você não se posicionar, vão acabar demitindo você". Levei um susto. Não que eu tivesse ignorado o fato até então, mas foi naquele momento que me dei conta de que, por mais que os gestores dissessem que queriam ouvir minha voz, dentro de mim eu não conseguia acreditar que era isso que, de fato, eles queriam. Achava que, caso me posicionasse, ia desagradar e gerar conflitos. Seguir sem me pronunciar e me posicionar era um jeito de proteger todos — a mim e a eles — desse desconforto. Mais tarde eu entenderia que sempre associei discordância a desafeto, por isso, claro, meu medo de falar refletia isso: o medo de não gostarem de mim.

Quando minha terapeuta verbalizou o risco da demissão, finalmente saí do transe. Entendi a distorção que tinha feito da realidade. Não falar e não me posicionar era o que me colocava em risco naquele emprego, e não o contrário. No desespero, percebi que eu tinha de tomar uma atitude — algo que fosse diferente da postura que eu assumira há meses. Se não fizesse, poderia perder um trabalho que eu adorava. Mas entender a necessidade de fazer algo não era o mesmo que saber o que fazer. Eu não fazia ideia de como mudar isso.

Depois do último *feedback*, logo entrei de férias. Decidi que nesse tempo de descanso encontraria uma forma de resolver a questão. Passei a maior parte do tempo sem pensar a respeito, até que me dei conta de que faltavam duas semanas para eu voltar. Entrei em desespero.

Levantei do sofá, peguei meu diário do fundo do armário e escrevi uma pergunta: "Como posso ocupar o meu lugar na vida?". Três dias depois, fui invadida por uma intuição. Uma espécie de sopro, que dizia: *Escreva uma carta*. Sem entender muito bem o que estava fazendo, atendi o comando. Escrevi uma carta para mim. Primeiro descrevi todos os meus medos quando me imaginava colocando minha voz no mundo. Depois disse que, mesmo com medo, ia ter que ir em frente porque, do contrário, podia ser demitida. Aquilo seria terrível porque, além de eu adorar aquele emprego, era um convite para usar a minha voz. Não queria ser dispensada por não ter assumido meu lugar.

MEDO DE DAR CERTO

O que escrevi depois foi mais pragmático. Disse que ia começar a dar opiniões, sustentar as minhas decisões, me permitir brilhar. E, caso eu fosse demitida por ter me colocado — que era o meu medo —, eu ia abrir a carta e lembrar porque tinha feito isso. Tinha atendido um chamado da vida. Era isso ou sair do jogo por inação. Lacrei a carta, coloquei-a no fundo de uma gaveta e fiz um compromisso de só abri-la caso fosse demitida.

Seguiram-se dias de insegurança e angústia. Eu falava, me posicionava e passava horas remoendo as atitudes. Quando a conversa era on-line, morria de vontade de editar as coisas que tinha escrito para não dar a ideia errada. Se a pessoa entrava na sala e não dava bom-dia, eu já achava que o motivo era eu ter falado demais em uma reunião anterior. Cheguei a perguntar, em alguns momentos, e a pessoa me devolveu com um: "Qual reunião?". Depois eu me culpava por ter me exposto. Era uma oscilação cansativa, como são todos os processos de elaboração, fora da zona de acomodação.

Por inúmeras vezes, tive vontade de voltar a não falar e, logo depois, lembrava o motivo pelo qual estava fazendo aquilo. Um ano se passou e, durante uma arrumação do escritório, reencontrei aquela carta. À essa altura, já tinha assumido um cargo de coordenação e encabeçado outros projetos importantes, com a justificativa de que tinha coisas boas a acrescentar.

Abri e, ao ler tudo aquilo, senti uma compaixão agradecida. Coragem é para quem tem medo. Um recurso para usar quando tudo parecer breu. Fiquei orgulhosa. Na hora, pensei: *Quando meus gestores pediram para eu me posicionar, estavam falando a verdade. Quando a vida me chamou para ocupar o meu lugar, ela estava falando a verdade. Não tinha pegadinha nem armadilha depois da curva. Era algo bom que eu precisava ir pegar. E era verdade. A permissão que eu precisava para brilhar, em última instância, era a minha própria. Não perca tempo em fazer a sua, também.*

Lembretes para quando ficar difícil

1. Daqui a cem anos, ninguém que você conhece estará aqui para julgar você, então aproveite o seu tempo.

2. Ninguém vai lamentar tanto quanto você o seu sonho perdido, então lute pelas coisas em que acredita.

3. A maior parte das pessoas que julga a sua forma de falar, de se colocar e de acreditar, está julgando a si mesmas. Não dê tanto poder a elas.

4. O caminho para fora da lama consiste em afundar, mesmo quando você achou que não afundaria mais. Foque no processo, não na linha de chegada, porque o caminho só acaba quando a vida acaba. Vá com calma.

5. Não esqueça: toda comparação é inútil. Você não está em uma corrida contra os outros e, sim, em uma corrida de bastão. Você está correndo por você e passa o bastão para a sua próxima versão.

6. Perder em uma corrida solo é quando você desiste de correr para você mesma. Não existe derrota nessa ideia.

7. É possível morrer de vergonha depois de morrer de orgulho.
E também morrer de orgulho depois de morrer de vergonha.
Continue. Isso também passa.

8. É melhor ver as pessoas se afastando porque você tem sido fiel a si do que se aproximando porque você tem negligenciado a sua vida.

9. Não abra mão de si para as pessoas ficarem confortáveis e não peça aos outros que abram mão deles mesmos para que você fique confortável.

10. Recrie sua narrativa de sucesso e, se puder, no seu dicionário pessoal, traduza "sucesso" como "ser leal a si mesmo".
Isso facilitará as coisas.

11. Alie-se a pessoas que estão lutando contra o medo do sucesso e não contra o *seu* sucesso.

12. Esse espaço é para você criar o seu próprio lembrete:

Referências bibliográficas

ASCH, S. Opinions and Social Pressure. Nature, v. 176, p. 1009–1011, 1955. Disponível em: https://pdodds.w3.uvm.edu/teaching/courses/2009-08UVM-300/docs/others/everything/asch1955a.pdf. Acesso em: 3 dez. 2024.

BOA NOITE INTERNET. [Locução de]: Cristiano Dias. Entrevistada: Juliana Wallauer. [S.l.]: Boa Noite Internet, 19 abr. 2020. *Podcast*. Disponível em: https://open.spotify.com/episode/6AZGSUpAr1NIcxT7EAK6xs. Acesso em: 9 dez. 2024.

BROWN, Brené. **A coragem de ser imperfeito**. 1 ed. Rio de Janeiro: Sextante, 2013. p. 52.

CIULLA, Luísa Burh. Projeção: mecanismos de defesa do Ego. Disponível em: https://www.luisapsicologa.com.br/projecao-mecanismos-de-defesa-do-ego/. Acesso em: 16 dez. 2024.

E-INVESTIDOR. **Como a lealdade familiar pode prejudicar financeiramente os jovens**. Disponível em: https://einvestidor.estadao.com.br/colunas/evandro-mello/jovens-prejuizo-financeiro-ajuda-familia/. Acesso em: 9 dez. 2024.

EQUILÍBRIO, C. M. **O Segredo dos Atletas contra a Ansiedade**. Disponível em: https://www.youtube.com/watch?v=WD3ffAmfrWw&t=118s. Acesso em: 16 dez. 2024.

FIGUEIREDO, A. Fora do jogo: a experiência dos negros na classe média brasileira. **Cadernos Pagu**, n. 23, p. 199–228, 2004. Disponível em: https://www.scielo.br/j/cpa/a/GR754gPX8ZZtpW3JcCrB3dt/?lang=pt. Acesso em: 9 dez. 2024.

FOME de sucesso. Direção de Sitisiri Mongkolsiri. Produção: Netflix. Tailândia, 2023.

GEM 2022/2023. **Global Entrepreneurship Monitor**. Disponível em: https://www.gemconsortium.org/report/gem-20222023-womens-entrepreneurship-challenging-bias-and-stereotypes-2. Acesso em: 9 dez. 2024.

GOEKING, Weruska. **Brasileiros ligam finanças pessoais a sentimentos ruins e perpetuam tabu sobre dinheiro**. Valor Investe, 2020. Disponível em: https://valorinveste.globo.com/educacao-financeira/noticia/2020/11/10/brasileiros-ligam-financas-pessoais-a-sentimentos-ruins-e-perpetuam-tabu-sobre-dinheiro.ghtml. Acesso em: 9 dez. 2024.

GONÇALVES, V.F.; SOUZA, N. B. A Influência da Família nas Escolhas Amorosas. Disponível em: https://www.atenas.edu.br/uniatenas/assets/files/magazines/A_INFLUENCIA_DA_FAMILIA_NAS_ESCOLHAS_AMOROSAS.pdf. Acesso em: 9 dez. 2024.

KLONTZ, Brad; KLONTZ, Ted. **A mente acima do dinheiro**. 2. ed. Editora Figurati, 2017.

KOGA, Fumitake; KISHIMI, Ichiro. **A coragem de não agradar:** Como a filosofia pode ajudar você a se libertar da opinião dos outros, superar suas limitações e se tornar a pessoa que deseja. 1 ed. Rio de Janeiro: Sextante, 2018.

KPMG. **Acelerando o Futuro das Mulheres:** Síndrome da Impostora. Disponível em: https://assets.kpmg.com/content/dam/kpmg/br/pdf/2021/03/Sindrome-da-Impostora.pdf . Acesso em: 9 dez. 2024.

KUHN, P. et al. The own and social effects of an unexpected income shock: Evidence from the Dutch Postcode Lottery. **NBER Working Paper Series**, 2008. Disponível em: https://escholarship.org/uc/item/07k895v4#page-1. Acesso em: 9 dez. 2024

LYBERATO, I. **Sem Medo do Sucesso**. 28 maio 2020. Disponível em: https://www.ted.com/talks/ingra_lyberato_sem_medo_do_sucesso?subtitle=en&lng=pt-br&geo=pt-br Acesso em: 3 dez. 2024

LYBERATO, Ingra. **O medo do sucesso**. Porto Alegre: L&PM, 2016.

LORIA, K. How winning the lottery affects happiness, according to psychology research. **Business Insider**, 24 ago. 2017. Disponível em: https://www.businessinsider.com/winning-powerball-lottery-happiness-2017-8. Acesso em: 9 dez. 2024.

LOUVA A DEUSA. **Medo de dar certo**. Disponível em: https://www.youtube.com/watch?v=5gPFdhByVJ0. Acesso em: 16 dez. 2024.

NEUROVOX. **Como NÃO SE IMPORTAR com o que pensam sobre você.** Disponível em: https://www.youtube.com/watch?v=gvVbJDXSMdI. Acesso em: 16 dez. 2024.

NORONHA, H. **O que o relacionamento dos seus pais tem a ver com sua vida amorosa?** Uol, 2020. Disponível em: https://www.uol.com.br/universa/noticias/redacao/2020/02/05/o-que-o-relacionamento-dos-seus-pais-tem-a-ver-com-sua-vida-amorosa.htm. Acesso em: 9 dez. 2024.

PEGANDO fogo. Direção de John Wells. Produção: Shiny Penny Productions; 3 Arts Entertainment; Battle Mountain Films. Estados Unidos: The Weinsten Company, 2015.

R7.COM. **Homem que ganhou R$ 30 milhões na loteria sobrevive como flanelinha**. Disponível em: https://record.r7.com/balanco-geral-manha/videos/homem-que-ganhou-r-30-milhoes-na-loteria-sobrevive-como--flanelinha-21112022/. Acesso em: 9 dez. 2024.

RESENDE, K. **O trauma da pobreza e o processo de ascensão social pela educação**. Nexo Jornal. Disponível em: https://www.nexojornal.com.br/o--trauma-da-pobreza-e-o-processo-de-ascensao-social-pela-educacao. Acesso em: 9 dez. 2024.

RETORNO de Simone Biles, o. Direção de Katie Walsh. Produção: Netflix. Estados Unidos, 2024.

STAHL, Stefanie. Acolhendo sua criança interior. 1. ed. Rio de Janeiro: Sextante, 2022. p. 43.

SMITH, Stacy; CHOUEITI, Marc; PIEPER, Katherine. **Press release: Global film industry perpetuates discrimination against women**. Disponível em: https://www.unwomen.org/en/news/stories/2014/9/geena-davis-s-tudy-press-release. Acesso em: 9 dez. 2024.

SOUSA, N. **Consciência negra: o peso de ser a primeira**. Disponível em:

https://azmina.com.br/reportagens/consciencia-negra-o-peso-de-ser-
-a-primeira/. Acesso em: 9 dez. 2024.

UN WOMAN. **Infographic: Women and media**. Disponível em: https://
www.unwomen.org/en/digital-library/multimedia/2015/11/infogra-
phic-women-and-media. Acesso em: 9 dez. 2024.

Para minha mãe, Elizênia, em quem me vi escritora pela primeira vez. Seu olhar me fez grande, milhares de dias antes de eu me reconhecer assim.

Para meu pai, Antônio, com quem eu aprendi que é preciso levar a sério a risada, o pensamento grande e a palavra.

Para Amanda, minha companheira, que não deixou, nem por um segundo, eu segurar sozinha esse sonho. Seu apoio, torcida e ajuda, me fizeram caminhar e abriram clareiras onde era escuro.

Para meus irmãos, Rapha e Paty, que sempre são a lembrança de um passado bonito e de um futuro — para sempre — acompanhado. Com quem eu posso rir e sonhar, sem limite.

Para Dayse, que sempre me ajudou a sustentar a beleza e o desafio de cada voo, e fez os apontamentos mais amorosos desse livro. Nós somos um dos meus encontros mais bonitos.

Para Jade, cujo apoio e torcida incondicionais me lembram do que o amor é feito. Sua existência me emociona.

Para Renata Pazos, minha terapeuta, que me ensina o caminho de sustentar minha luz e me ajuda a fazer as pazes com meus monstros.

Para todos os meus familiares e amigos, que me deram a mão nessa travessia, nossas memórias são parte inseparável de mim.

Para todas as pessoas que me acompanham, muito obrigada por se permitirem ao encontro. É um presente nosso tempo ter coincidido.

Para Natália Ortega, que, com um olhar atento e sensível, editou e fez deste livro, um livro único.

Para Astral Cultural, que acreditou em uma ideia e me ajudou a transformá-la em uma das minhas realizações mais bonitas da vida.

Primeira edição (fevereiro/2025) **Segunda reimpressão**
Papel de miolo Ivory bulk 58g
Tipografias Lato e Lora
Gráfica LIS